班主任必备丛书
BANZHURENBIBEI
CONGSHU

小学班主任
家校沟通智慧

丁树勤 林枫杉 主编

吉林文史出版社

图书在版编目（CIP）数据

小学班主任家校沟通智慧／丁树勤，林枫杉主编. ——长春：
吉林文史出版社，2012. 12（2021.6重印）
（班主任必备丛书）
ISBN 978－7－5472－1359－9

Ⅰ. ①小… Ⅱ. ①丁… ②林… Ⅲ. ①小学－班主任
工作 Ⅳ. ①G625. 1
中国版本图书馆 CIP 数据核字（2012）第 306972 号

班主任必备丛书

小学班主任家校沟通智慧

XIAOXUE BANZHUREN JIAXIAO GOUTONG ZHIHUI

编著／丁树勤 林枫杉
责任编辑／高冰若
封面设计／小徐书装
出版发行／吉林文史出版社
地址／长春市福祉大路5788号
邮编／130118
网址／www. jlws. com. cn
印刷／三河市燕春印务有限公司
开本／710mm×1000mm 1/16
印张／14 字数／150 千字
版次／2013 年 2 月第 1 版 2021 年 6 月第 3 次印刷
书号／ISBN 978－7－5472－1359－9
定价／39. 80 元

目 录

出版说明

　　如何加强对学生的教育，是摆在社会、学校、家庭方面的一个重要课题。教育好学生，主要体现在学校教育和家庭教育两大方面，因为，学生的每一天都是学校家庭中生活，如果这两方面教育得力，学生就能健康的成长。学生在学校的教育，在小学阶段主要靠班主任；学生在家庭中的教育，主要靠家长。只有班主任和家长联手，才能真正达到教育孩子的目的，使家校教育融为一体。在实际生活中，往往孩子在学校，受到班主任老师的正面教育，进步很快，而回到家中，受到家长的一些负面影响，使学校教育前功尽弃。为什么会这样呢？因为有些学生家长，不注意自己的言行对子女的影响，他们不注重家庭教育，更不懂家庭教育。他们对孩子的要求，要么放任不管，要么过分苛求，这十分不利于孩子的成长。如何能使家长正确地对子女进行教育呢？这就需要班主任和家长经常沟通，指导家长正确教育子女。

　　班主任如何指导家长教育子女呢?

　　首先，指导家长注意自己的一言一行对孩子潜移默化的影响；二要指导家长重视对孩子的思想教育和生活学习的指导；三要教给家长教育子女的方法。为此，我们编写了《小学班主任家校沟通智慧——班主任指导家长正确教育子女》一书，指导家长如何教育子女。全书四大板块，一个整

体，分四讲：第一讲为"做一个合格的父母"，交给家长要具备教育子女的能力；第二讲为"心理健康教育"，作为家长要教育孩子应有一个健康的心理，能承受压力和挫折；第三讲为"习惯行为"，家长要教育孩子养成好的习惯、要具备好的行为；第四讲"关键期与大脑潜能的开发"，就是家长在孩子成长的关键期，如何注意对孩子"智能"的开发。以上四点家长做到了，孩子就能健康的成长。

本书在编写过程中，得到许多家教方面的专家的支持和指导，很多资料出自他们的手；同时，也得到我市关工委的领导、原市人大副主任别善华先生，原市委宣传部长高新全先生的鼎力相助，在此一并深表谢意！

参加本书的编写人员还有：王向坤、徐爱霞、李才、杨枝术等。

编 者

第一讲　指导家长做合格的父母

　　家长如何教育好子女？班主任老师首先要指导家长做一个合格的父母，培养家长教育子女的能力，教给家长教育子女的方法，家长具备了教育子女的能力，掌握了教育子女的方法，就可以正确教育子女了。

　　家长应具备哪些教育子女的能力呢？

一、家长教育五大能力

　　每个家长都希望自己孩子成龙成凤，都希望自己的孩子学有所成，成为社会有用人才。这种愿望是好的，也是对的。但是只有愿望还不行，还要在实际上培养你的孩子，要好好培养孩子，父母必须要具备一定的能力。父母应具备哪些能力呢？

（一）把握分寸的能力

　　在教育子女过程中，怎样把握好分寸，它实在不是一件容易的事，就拿压力来说："没有压力就没有动力，而我们看到的是高压之下孩子严重厌学，心理健康严重恶化。那么没有压力就有动力吗？家长对孩子缺乏严格要求、放任自流，没有压力，孩子品德差，学习差的情形也并不少见，怎样掌握这个分寸确实有大学问的，这里谈几个问题。

1. 关于严格要求的问题。

对家长教育问题上严格要求是对的。严格要求是不是愈严格愈好呢？这里有一个把握分寸的问题，我们说严与宽是对立的统一，严有严的理由，宽有宽的理由，不能没有理由的盲目的严，也不能没有理由的盲目的宽。

很多家长或宽或严缺乏依据，凡事随心所欲，教育效果难以保证。他们一高兴，对孩子百依百顺，该约束的也放任不管，自己心中有气，一点小事就将孩子严加管束，严厉的可怕，有的父母平时一贯溺爱孩子，从来不提要求，品德、学习、锻炼放得很松，时间长了，孩子坏毛病出来了，父母感到问题严重，立即"急刹车"，进行严格管教，不顾时间场合，方法简单，强迫孩子保证以后不犯错误，然而多时积累起来的毛病怎么可能因家长突然严格要求就立即消失呢？

2. 家长投入多少精力的问题。

一般来讲，家长对孩子教育可以说是全力以赴，一点怨言也没有。但实际效果也不一定就好。究竟投入多少才合适，这也有一个分寸问题。

首先，投入精力要弄清目的，有的家长用了全部精力辅导孩子学习，牺牲了自己绝大部分时间，甚至牺牲了自己的工作。但这样不一定事如人愿。教育有一条宗旨："教是为了不教"。家长辅导孩子的目的应是最终让孩子不用辅导，具备独立学习能力，特别养成好的学习习惯，试想孩子在小学或初中阶段，你能帮辅，再升入高一点的学校你又该如何呢？你还能做到吗？再说家长只顾投入，不明目的，那么家长投入精力愈多，孩子愈依赖，愈不能独立学习。

另外，对孩子的生活料理，一般家长投入就更多了。从早到晚，家长都要投入大量精力，事无巨细都要亲自料理才放心。这样对孩子并无好处。使孩子生活不能自理，生活习惯差，遇到一点麻烦事就不能忍耐，适应能力

差,承受能力更差,将来走入社会可怎么办呢,所以家长应多花精力去培养训练自理能力,不应日复一日的帮忙料理、取代一切。

其次,投入精力要有节奏。孩子成长有一个很长的过程,就像树苗一样,不管你投入多少精力照料它,还是得等他自己慢慢长大成材,施一次肥,得等一段时间,该剪枝的时候才剪枝。有害虫的时候才除虫,整个过程是有节奏的。天天施肥并不能缩短树苗成才的过程,家长对孩子投入也是同一道理,必须要有一个节奏,要有轻重缓急,不能拔苗助长。

第三,投入精力要注意自身的充实。家长为孩子的成长投入精力既是责任义务,又是一种幸福,但要注意自己投入的形象。有的家长一心一意为孩子花费精力,而自己像一个没有本钱的人,把赢的希望全压在孩子身上,为孩子做牛做马甘为驱使,把自己的精神追求扔的一干二净。有的家长为孩子忙,到头来反而在孩子心目中丧失了威信,这与家长不重视自我充实有关。这些问题都是家长在为孩子操劳,为孩子花费精力时应考虑的。

3. 表扬与批评要把握好分寸。

使用奖惩不能随心所欲。家长使用表扬或批评,奖励或惩罚,最容易犯的毛病就是随心所欲。家长与孩子密切关系以及家长的权威意识,往往使家长感觉不到奖惩分寸的重要性。比如,无论怎样过分的惩罚和贬斥,家长都可以归之为"我是为你好!""我要不爱你还会管你吗?"因而毫无自我检点和反省。家长只要有了随心所欲的毛病,使用奖惩肯定失去分寸。一些孩子摸透了父母随心所欲的毛病,暗地悄悄观察,根据父母情绪好坏提出要求,则十有八九能成功。家长一高兴,随口夸奖,任意奖赏,并不为什么原因,反之若不高兴,随便指责同样不为什么原因。它的害处是使孩子无所适从,迫使孩子不按是非标准行事,而是看人脸色行事,从而观念混乱,不容易形成主见,很难成为个性独立而完整的人。

多使用表扬和鼓励。一般我们都认为应该用表扬去巩固孩子的优点，用批评去纠正制止孩子的缺点，但表扬和批评并不完全是这样明确分工的，纠正孩子的坏毛病也可以用表扬，而且效果还很不错。比如孩子习惯撒谎，家长就应重视在孩子没有撒谎，说实话的时候大大的表扬他，用表扬强化不撒谎，即使其中还有反复，但持续强化正面教育，会使孩子克服撒谎的缺点。又比如孩子学习时老分心，家长不能劈头一顿数落，只要孩子能稳定一段时间不分心，哪怕只有一点进步都用表扬巩固下来，孩子就会逐渐克服分心的毛病，如果家长一味用批评去纠正孩子的缺点，孩子一分心就给一顿批评，那就很难调动孩子自我控制的愿望，培养自我约束的能力，也就很难做到不分心。

有的家长把表扬批评当成目的，而不是手段，认为孩子有优点就该表扬，有毛病就得批评。这种看起来公平的思考方法，却往往把事情弄得很糟。孩子人小，要认识到自己不足并不容易，如果家长一味死守有毛病就批评，就容易使孩子认为自己"不行"。这是最糟糕的教育方法。因而家长要千方百计去使孩子相信自己"能行"，这就需要多使用正面的强化手段。尤其是孩子在中小学阶段，很多毛病都是成长中的不足，需要帮助，需要鼓励，更需要自信。所以用表扬去纠正孩子的不足，是教育应大力提倡的方法。

家长的奖惩使用不能简单化，要力求用到点子上。有的家长就只奖惩分数，规定多少分得表扬，多少分挨批评，这样当然简便易行，但教育往往没有"简便"可言，如果贪图简单化，则奖也失误，惩也失误。分数只是一个现象，学习兴趣、学习习惯、学习方法是排在分数后面的，家长要看到这一点，使用表扬就不同了。孩子逐渐喜欢看书，家长及时强化阅读兴趣，孩子练习提高速度，家长要夸奖。孩子临场独立发挥的作文，即使分数不高

家长也要大加赞赏,孩子独立钻研,苦思苦想,即使没钻出结果,家长也要表扬孩子学习独立的精神。就学习而言,这才是表扬到点子上。

有的家长奖则钱物,惩就是打骂,这种简单化就更难有良好效果。孩子的许多品质,如求知欲、上进心、自制力、同情心、正义感、责任感、坚韧、勇敢等,既不是靠打骂形成,也不是钱物能扶植起来的。

使用惩罚不能失去分寸。父母们,如果你单位的领导三天两头的批评你,否定你的工作,不断指出你的毛病,你作何感想?是否辞职不干?总之是受不了。成人尚且如此,何况孩子呢?孩子和成人比较,更不具备自我肯定能力。惩罚不利于孩子形成自我约束的道德能力。尤其是多次重复惩罚会造成孩子的回避心态和厌恶情绪。比如孩子因学习问题多次遭到惩罚,就会厌恶学习、回避学习。

有的家长频繁地惩罚孩子是因为他们认为惩罚才能使孩子记住不再犯错误,这在某种程度上说是对的,有的惩罚也是必要的。比如小孩用手指去掏电源插座孔,喜欢站在高楼的窗台上,家长就必须用惩罚让孩子记住不能再犯。但是家长记住在学习,品德锻炼这些需要孩子主动努力才能获得上进的范围,惩罚的作用往往是消极的,惩罚可以使孩子中止错误,却很难使孩子主动上进。比如,家长规定考不上95分就以取消旅游为惩罚,那么孩子想最多也就是不去旅游,惩罚的目的并没有达到。

惩罚过分会激起强烈逆反,把矛盾推向极端,酿出恶果甚至惨祸。现在不少学生离家出走,原因之一在于家长惩罚过于严厉,使孩子恐惧,无路可走,于是铤而走险。由此可知,对孩子的教育惩罚实在是一种必须谨慎使用的方法,能够不使就不用它。

家长惩罚孩子还要注意保护孩子的自尊心。惩罚的目的是让孩子懂得是非,而不是损伤孩子的自尊和人格。一般来说惩罚不要当着他人的面,这

一点很重要。有的家长认为是老朋友、熟人、亲戚，没什么关系，而孩子却最委屈、最反感。有些家长故意要威风，偏偏在有客人的时候惩罚孩子，这就更为错误了，是家长极不成熟的表现。

（二）了解孩子的能力

了解孩子是家长必须具备的能力，不了解孩子就无从关心孩子，也无从教育孩子。了解孩子的能力包括家长懂得了解孩子发展的哪些方面，还包括家长知道如何去了解。从目前家庭教育的发展状况看，不少家长对孩子的了解还停留在孩子的物质需求和身体一般情况这个层次，对孩子的精神，心理发展不大注意去了解。如何了解孩子，也存在主观、随意、缺乏沟通、专制、轻信等毛病，因而这里重点谈谈了解孩子的需要，了解孩子心理发展以及怎样了解孩子等问题。

1. 了解孩子的需要。

了解孩子并不是一件容易的事，尤其是比较全面地了解孩子更不容易。了解孩子需要包括安全感需要、交往需要、信任需要、成功的需要、发展身体的需要等，下面分别谈谈这些需要。

（1）安全感需要。

孩子在温饱获得基本满足的情况下，孩子心理的安全感需要就显得最为突出。首先，孩子的安全感来自家庭的和睦。父母不和，经常吵架是孩子最恐惧的事情，孩子在父母的敌对、争吵中，尤其会感到极度不安，感到严重的威胁。孩子由于害怕失去父母，却又无能为力，因而如惊弓之鸟、提心吊胆、小心谨慎、生怕自己有什么过失招惹起父母的冲突，更害怕哪一天会突然失去父母，心境非常可怜。

家长之间不会没有矛盾，但无论如何，要保护孩子，不能当着孩子的面吵架。有的家长只知道要求孩子怎样怎样，要听话，要学习好，要名列

前茅,却不知失去安全感的孩子,内心紧张不安的孩子很难接受家长的教育和期望。所以家长要对孩子提出上进心的要求,必须首先给孩子一个安全的家庭感受。有的家长控制不住自己争吵,想决出一个输赢是非,依我看,使孩子失去安全感自己就已输了一大半,错了一大半,还有什么可争执的呢?

其次,孩子的安全感来自同伴和团体的肯定和容纳,这一点家长很容易忽视。在中小学阶段,孩子会愈来愈重视同伴和团体对自己的评价,这是一种需要,同辈人和团体的肯定评价带给孩子牢固的安全感,一个孩子若被排斥在伙伴圈之外,就会失去安全感,伤心沮丧。家长懂得这一点就不能去阻止孩子获得同伴认可的需要。在进入青春期以后,孩子的精神交往90%倾向同龄伙伴,甚至宁愿得罪父母也不放弃伙伴的认可。

第三,孩子的安全感来自对自己的信心。自信心能够使孩子获得内心的稳定和安全感。从孩子一生的发展来看,相信自己充满着力量也是内心稳定的主要保证,所以家长要重视孩子的自信心,在孩子进入中学以后鼓励孩子独立自信,才能使孩子依靠自己获得内心稳定,获得力量源泉。

(2)发展身体需要。

发展身体是孩子的需要,而且孩子生来就有这种需要,这种需要不仅通过摄取营养来实现,而且需要通过各种身体活动来实现。现在好多家长只知道孩子需要营养,不懂得孩子需要充分的活动。造成这种情况与社会竞争有关。由于现代社会生存竞争愈来愈依靠人的智能,获得生存本领的途径大多是非体力的训练智能,因而人们逐渐淡化了发展身体的需要。好多家长有意无意以"学习"为由,反对孩子游戏玩耍,取消孩子的体育锻炼,甚至把体育锻炼仅仅视为一种谋生的出路,不得已才去干的职业。孩子的户外活动被削减到最低限度。在为孩子的营养投资、智力投资、体育投资

中,体育投资微乎其微。在影响孩子学业的几大因素中,第一是睡眠不足,饮食习惯不佳,第二就是运动量不足,现在的学校体育课程不能满足这种需要,希望家长一定要引起重视,千方百计的补上这一课,满足孩子这方面的需要。

(3)交往的需要。

物以类聚,人以群分,小孩子愿和小孩子在一起,这是他们的需要。因为他们有共同的语言、共同的爱好、共同的志向。大孩子和小孩子不愿意在一起是因为他们没有共同的爱好和语言,一般都是同龄人愿意在一起。父母们应该满足他们的需要。

①鼓励孩子呼朋唤友

经常听到有的孩子怯生生地问家长,他的伙伴"可不可以进来?"有的家长马上迎出来,非常热情地:"进来、进来,欢迎到我家来玩!"有的家长就比较勉强,交代一些限制条件:"不要……,不要……",使孩子十分拘束,还有的家长干脆拒绝,找借口:"该回家了""我们有事,以后来玩。"家长要千方百计为孩子创造交往条件,孩子呼朋唤友是非常好的事情,家长应无条件地给予鼓励,无条件地欢迎孩子的伙伴到家里玩。

②指导孩子区分是非

有的家长不让孩子与伙伴玩耍,是担心孩子学坏,这种担心有道理,但不要因为怕孩子学坏就禁止交往,那就"因噎废食"了。孩子学坏,不是交往的错,而是家长没有指导孩子辨别是非。在幼儿园、小学阶段,孩子的伙伴多是住家邻居,上学邻座的孩子。一般讲,除极个别的情况,这个年龄段的孩子坏不到什么程度。家长不要制造什么"等级"标准,让孩子与这个玩、不与那个玩。注意一下伙伴有无讲脏话、讲吃穿的不良倾向,正面给孩子讲清道理、比学习、比表现、不能禁止来往。孩子在小学高年级、中学阶

段,家长要加强对孩子择友的指导,这个阶段伙伴的影响非常之大,超过家长和教师的影响,所以分清是非、辨别正误很重要。但这同样不能成为阻止孩子与伙伴交往的理由,家长应该协助孩子做好交往工作。使孩子在交往中健康成长。

(4)成功的需要

成功的体验对孩子来说是太重要了,它是孩子建立自信必不可少的条件。孩子得到成功,父母应该由衷地赞赏孩子,让孩子充分体验成功。这种体验是孩子的需要,它包含了一种自信,证明"我能行"。

我们常常听见孩子说:"我的数学不好又怎样?我的外语好。""我的体育不行,可他们的作文都没我好。"对此家长可能要批评孩子"不求上进",然而我们从中感觉到孩子们是在尽可能地用自己的成功来支撑内心世界,用自己的成功作为内心平衡的支撑点。家长如果了解这一点,你还忍心去拆掉孩子的支撑点吗?不少家长谈到,孩子很难得到学习上的成功,因为每次名列前茅的都是几个优秀生。我们应该认识到,让孩子获得成功,不要按一个统一标准硬套,非得"前几名","三好学生"才叫成功。前几名毕竟只有几个,只要孩子在努力,有进步,就是孩子的成功。就应该让孩子获得成功体验。就应该由衷地赞赏他们。

2. 怎样了解孩子。

(1)家长的主观随意性。

有的家长自以为最了解孩子:"知其子莫若其父、知其女莫若其母。"总以为看着长大的孩子岂有不了解的?其实不一定。孩子小的时候,可能对家长,对任何人都毫无掩饰,而且活动范围也在家长身边,心理活动也较为简单,因而基本上可以一目了然。

孩子稍稍大一点,进入学校以后,家长了解孩子就并不是一目了然了。

首先孩子长大了，有自己单独的活动范围，独立意识逐渐强烈起来，离开父母的活动时间大大增加，所以家长了解孩子的指导思想、方法、途径，都必须随这种变化而变化。家长不是依照孩子发展情况去了解孩子，而是随心所欲、兴之所至地随便问问，这就可能遗漏掉许多重要"情报"。

（2）忽视沟通，拒绝沟通。

家庭教育提倡父母两代人之间的沟通，这是了解孩子最有效的方法，可是有的家长比较忽视这个问题。这类家长认为孩子吃饱穿暖就行了，还有什么不满足的？好好读书也就是了。因而除了孩子吃穿和学习成绩，家长一概不问。还有的家长忙于自己玩乐，每天扔几元钱给孩子吃饭，自己成天泡在牌局里不动弹。孩子告诉家长什么心事，或高兴之事或苦恼之事，家长一律支开远远地："去去去，我知道了"。拒绝与孩子沟通。据说这种家长还不在少数。

（3）轻信，胡猜。

有的家长从孩子口中了解的情况则完全不是真话，而家长则轻信，有一部分家长出于虚荣心，宁愿相信孩子谎言也不愿知道真情。与之相反，有的家长不相信孩子，对孩子任何一句话都表示怀疑，继而胡乱猜测。表面看来家长对孩子绝不轻信，认真了解，实际上从另一角度堵塞了了解孩子的渠道。

（4）专制侵权，不守信用。

强调一下了解孩子决不能侵权。有相当一部分家长不尊重孩子的权利，行为毫不检点，随心所欲地偷看孩子的日记，理直气壮地"揭露"孩子的秘密，甚至以了解孩子为名私拆孩子的信件，私撬孩子抽屉。

有位女孩子对记者说："有时父母表示很愿意和我聊天，表面上看是朋友式的交流，其实是刺探情报，开始我还未察觉，待他们责骂我时，就把

我给他们说的话当把柄。这方面他们记忆力很强,对过去很久的事情还要重提,新账老账一起算。如果真交朋友,就不该这样"。由此看来,孩子对家长的专制和不守信用是够反感的,批评也十分尖锐。

每个人都有秘密,孩子不愿透漏总有一定的原因,家长不能借了解孩子为由,强迫孩子透漏。家长专制、侵权、不守信用,最终也就堵死了了解孩子的通道。

(5)正确了解孩子的方法。

首先,家长了解孩子较之于老师了解学生有独特的优势。因为无可代替的血缘关系和密切接触的日常生活,提供给家长不少有利条件,使家长可以充分地旁观孩子常常无意识地流露出来的内心。

其次,家长要学会善于倾听孩子述说,不要孩子说什么就要指导批评几句,而是要倾听,专心地听。高兴的事、不高兴的事都要听,这样对孩子就比较了解。当然,主要在听,不要评价和动不动就教育一番。

再次,借助老师的评价和孩子同伴的反映了解孩子。老师的评价很能够帮助家长了解孩子,通过同学间在一起玩耍、学习、生活也能够了解孩子的一些情况。总之,家长要多留心,多观察才能对孩子了解,才能有的放矢的施教。

(三)评价孩子的能力

家长的评价能力主要指在家庭教育中家长对孩子进行评价,以及对与教育孩子有关的各种因素进行评价的能力。在学校教育中,评价占有相当重要的部分,那么在家庭教育中评价也同样重要。家长通过评价,对孩子进行各种具体指导,孩子通过家长评价逐渐学会适应各种社会要求,发展成长,所以缺乏评价是不利于孩子成长的。但是如果家长评价能力过低,对孩子的评价缺乏教育基本知识、缺乏依据,感情用事,或者评价过多过滥,

也不能起到正确指导孩子发展成长的作用。

1. 评价孩子。

凡是家长，都得评价孩子，只是多少正误不同而已。从孩子牙牙学语时，母亲疼爱的夸奖"乖孩子"，到长大成人后父亲称赞"是条男子汉"，从父母一个不满的眼神到只字不语的沉默，都包含着评价，家长用评价促进孩子的发展，促进孩子认识世界，认识自己。为了能搞好评价，家长必须注意几个问题：

(1) 评价要掌握教育的基本知识。

家长评价孩子正确与否，效果如何，首先依赖于家长掌握教育知识如何，如家教的基本知识和基本观点。

教育评价首先得掌握一些基本知识，虽然不能事事引经据典，大做文章，但是评价孩子的大方向应该是正确的。比如评价3岁的孩子"坐不住"，而且是当成缺点在评价，就缺乏起码的教育见解。孩子刚刚入小学，就评价孩子是什么的"材料"，或不是什么"材料"，或捧上了天，或贬入地，都是没有教育知识，没有见解的评价，从大的方向上都错了，建议家长多学习，力求评价科学一些，这样会使孩子发展的更好，除此别无良策。

(2) 评价要有依据不能随心所欲。

家长容易犯的毛病就是对孩子随心所欲，对孩子有什么看法，不经考虑就随随便便说了出来，家长须知，评价说出来并非搁在那儿对孩子没有用，而是一种指导和暗示，偶尔一次不慎或开玩笑还无妨，经常信口开河，想当然地评价孩子就不好了。

一位家长谈到他女儿期中考试的一件事，孩子读小学四年级，平日作文分数一直很高，都在95分以上，这次期中考试作文却扣掉了7分，父亲一气之下打了女儿一个耳光。母亲也很生气："怎么学习这样下降？已经四年

级了还了得吗?"随后又下了一大堆结论:听说女孩子到了中学学习就要下降,到了高中就不行了。现在孩子才四年级就迅速下降,肯定完了等等。夫妻俩都不胜悲戚,女儿只能呜呜地哭,说不出任何辩解词来。幸好母亲冷静下来以后,觉得原因还没清楚,还得去问问老师,老师笑着说:"以前孩子的作文都是老师"抱"着走,"扶"着走,考试前老师总要猜押几个题目,告诉孩子们如果出这几个题目你们怎么写,如果出那几个题目又怎么写,孩子熟悉几个作文就够了。到四年级,老师要训练孩子独立审题,独立剪裁的作文能力。因此这次考试开始"丢拐杖",考前不押题,不"抱"着走,完全由孩子临场独立构思完成"。老师说:"我也想了解哪些孩子作文真正强"。结果"哗啦"一下,全班平均降了一大截,只有少数孩子稳定了没摔倒。了解到了原因,家长知道这次考试风波是因为自己缺乏依据造成的。老师训练孩子"丢拐杖"这是好事,分数再低一些,也是好事,好的开始,怎么能随心所欲地评价孩子呢?妄下结论离题太远,两位家长给孩子道了歉。类似无依据的冤枉孩子,不是个别家庭教育现象。不少家长对同事、朋友、上司、下级说话都很谨慎,不轻易评价什么,可是对孩子就随随便便,认为没什么关系,怎么说也是自己的孩子。有家长形成习惯性的随口妄断:"我敢肯定你……""你一定是……""你怎么也学着……"很缺乏成人应有的理智和成熟。所以家长的评价都应该有依据,如果没有依据,就暂不评价。

(3)切忌贬低性的评价。

切忌对孩子使用贬低性的评价,就是家长一定要禁止自己在总体上对孩子进行贬低和否定。我们成人常常使用一些贬低性评价。如:这个人不正派,这个人心术不正,这个人小聪明,这个人人品不好,贱骨头等等。这类评价都带有根本性的贬低,在总体上的否定,因而成人使用都很小心,忌讳当着本人说出这一类评价,同时更不愿意听到别人对自己总体的否定和

贬低。比如宁愿人家说自己工作不负责任，不愿人说自己能力不行，宁愿人家说自己"聪明一世糊涂一时"，不愿人家说自己"聪明一时糊涂一世"。我们成人尚且如此重视别人对自己的评价，何况孩子呢？孩子最讨厌父母骂自己"笨"，一个孩子说："听起来太难听了！"因为"笨"意味着智力水平低，而且改变很困难，几乎是注定的。这一类评价家长随口说出很不在意，而孩子受到的打击就很沉重。所以家长评价孩子一定要就事论事，不能几句话就"上纲上线"。考试失败了就评价考试本身，不能扯到"没出息"、"笨"与"不笨"的问题。

2. 孩子需要适当的不被评价。

评价是家长对孩子的一种关注，是孩子的一种需要，但这并不等于评价愈多愈好，而且很多时候孩子不需要被评价。

不少家长懂得凡事要适度，然而碰到实际问题就失去分寸。现在有的家长重视教育，常年就把嘴搁在孩子身上，毫无分寸进行种种评价，对孩子的任何一个细节都要竭尽评价之能事，生怕孩子没有注意到举止是非，唯恐孩子失去自我审视。这种状况与独生子女家庭结构有关，现在的家庭一般两个成人一个孩子，甚至四个成人一个孩子，不说是"十羊九牧童"也算是"官多民少"。只有一个孩子容易导致家长对孩子的过多关注，形成不正常的教育气氛。家长应设身处地的去想想：平日你一抬手一投足，一句话一件事，看一本书交一个朋友，身边总有一个权威的人物将你评价一两句，你还能活吗？"品头论足"在词汇学中是贬义词，何况时时处处被人品头论足呢？所以应该适当地不被评价。对此，有几个问题突出强调一下：

从思维品质发展讲，孩子在家长身边绝大部分时间，应该不被评价，包括孩子专心玩耍的时候，闲着的时候，总之孩子专注于某件活动或内心呈自由状态时，家长最好不要去评价他们。因为孩子思维发展需要独处，需

要没有干扰的宁静，需要持续地思考或想象下去。即使是无意识的和无目的思考和想象，都是极可贵的和必要的。这种状态用不着家长给予肯定和否定，只需要家长不评价，并且尽可能保持孩子有这样一个自然状态的空间和时间，孩子就幸福无比了。

孩子在学习用脑时，最好不被评价。有的家长早不说话、晚不说话，孩子开始做作业他们就开始评价，随意打断孩子的思路。比如孩子正在做作业，家长突然就一句："你就是粗心，细心一点呀！"或有事无事走过来，指指点点："今天的字写得不错"。这些做法如果偶然一次二次或者有针对性的还可以，常常如此就不妥当，随意打断孩子只是为了泛泛而谈地评价几句就毫无意义，而且最坏的结果是使孩子注意力分散，因此孩子学习的时候，也需要不被评价。

孩子的学习成绩进退升降，也并不需要家长评价。一般在这些关口家长最容易犯"非评不可"的毛病。孩子的进退起伏是正常现象，只要在一定的幅度和范围内，不一定非要给一个评价不可。孩子考差了，评价半日，考好了，评价半日，一次作业一次评价，一个作文，句句评价，一年365天，该有多少评价，孩子的手足还有地方放吗？评价与不评价要有一个度，作为父母应该好好地掌握这个度，该评价时就评价，不该评价时就不要评价了，这就要求父母好好掌握了。

（四）家长的协调能力

由于人际关系的多重性和复杂性，使人际协调能力成为人的一种能力。良好的人际关系协调能显示出一种和谐的美、真诚的美、善意的美，一个家庭成员之间能和谐相处是全家的幸福，在这个环境中生活的孩子不但能享受美好的生活，而且对学习，工作各方面也大有益处。反之生活在天天吵架的家庭里，孩子定会对学习各方面受到影响。所以家长具有协调能力

非常重要。重点讲三点：夫妻关系协调；亲子关系协调；师生关系协调。

1. 夫妻关系协调。

在家庭中夫妻是主体，同时夫妻在一起生活最长。夫妻关系处理好坏是这个家庭兴衰关键。俗语说：夫妻相爱容易相处难，因为相处是双方习惯与习惯的短兵相接。有的人喜欢睡觉只吹电风扇，有的人一定要开冷气。有的人每天一定要洗澡，有的人却觉得洗澡伤元气。有的人喜欢在家睡觉看电视，有的人却要外出逛街吃美食。有的人便宜实用就好，有的人却独爱名牌名品。有的人要孩子快乐就好，有的人一定要名列前茅，有的人初一、十五拜佛，有的人只想图个清静就好等等，两个人性格不同、习惯不同，久而久之非打架不可。说起来都是些鸡毛蒜皮的小事，值得吗？这种冲突，伴随着家庭整个历程，或持久、或短暂、或激烈、或平缓。这种硝烟四起的战争场面对孩子来讲是最感恐惧的事情。孩子在父母敌对、争吵中，尤其会感到极度不安，感到受严重的威胁，这种环境成长的孩子是不幸福的。

如何协调好夫妻关系是非常重要的。当夫妻冲突时一忌：离家出走，无形中就是不管有理没理却逼着人去请。这不是解决问题，而是把自己当人质去压人。二忌：罢食，以示威的姿态，以自我折磨的手段，造成一种咄咄逼人的气氛，迫使对方诚心也好，违心也罢地低头让步，这也不利于矛盾的解决。三忌：甩手不管，有的人吵架后，被子不叠，饭也不做，孩子也不管，屋子也不收拾，放弃所有义务，给对方脸色看，这实则降低了自己的水平，也于事无补。

这里提几条建议供年轻夫妻参考：

☆**夫妻三忌**

（1）挑剔：吹毛求疵，鸡蛋里头挑骨头，这对被挑剔者心理伤害很大，自以为是，总觉得自己比别人高明，喜欢指手画脚，挑三拣四，这种人不但

在家中不受欢迎，在社会上，邻里间，同志间也没有他的市场；

（2）猜疑：不切合实际的猜测和没有根据的怀疑，致使家庭失去了宁静、和谐与幸福；

（3）揭短：人都有短处，都有不愿别人触及的伤痛。不要以为说几句不好听的话，揭对方的短，不是什么原则问题，因为人都有在爱人心目中保持美好形象的愿望。因此夫妻之间必须互相尊重。实际上看不起别人就等于看不起自己，伤害别人，同时也伤害了自己。

☆妈妈怎样给爸爸留面子

男人爱面子，这是男人需要的一层绿荫来庇护的心理，是男人尴尬境地的一种保护伞。有人说"死要面子活受罪"，甚至把面子和生死相提并论。可见面子在男人心目中是何等重要。所以作为妻子一定要给丈夫留够面子，这样丈夫才能尊重妻子。

（1）在父母长辈面前：有些妻子同丈夫一块回娘家时，总觉得说话办事随随便便，从而忽视了丈夫的脸面，以至于或唠叨或训斥对方，使丈夫下不来台。而聪明的女人们越是在自己的"窝儿里"越是给丈夫一点面子。

（2）在丈夫的上下级和朋友面前：好虚荣的女人，故意不给丈夫面子，或训斥或挖苦，以显示出来自己是家里的一把手，这样做的后果是让丈夫在难堪中失去了在单位和朋友间的形象。而明智的女人当着丈夫上下级和朋友间会表现出对丈夫的尊重。

（3）在孩子面前：如果妻子不重视在孩子面前树立丈夫的尊严与形象，那么做父亲的就很难去教导孩子。在孩子面前，做母亲的多表扬和夸奖丈夫，有了意见，两口子关起门来单独交流解决才是上策。

☆为夫十招

（1）记住妻子的重要日子，如妻子的生日，夫妻结婚纪念日等，到时必

须有所表示,哪怕是一张明信片,一束鲜花。

(2)专心倾听妻子谈话,做妻子的忠实听众,会令她感到你对她的尊重,使她十分满意,从而双方更能拉近距离。

(3)遇事多与妻子商量,如会客等,可事先与妻子打个招呼。

(4)少谈或不谈其他女人的事情,切勿喋喋不休谈及别的女人,这样会伤害妻子的自尊心,使夫妻之间产生隔阂。

(5)关心妻子生活,体贴入微地关怀,会令妻子心怀感激,有利于加深夫妻感情。

(6)勇于承认错误,生活中产生摩擦,要冷静反思自己,检查自己的错误,并勇于向妻子承认,求得妻子的谅解。

(7)不要在人前批评指责妻子,批评指责应注意方式方法,切莫当着他人的面批评妻子,使妻子陷入尴尬境地,触发妻子反感而导致感情不和。

(8)控制自己的情绪,遇到不顺心的事,要设法控制自己的情绪,而不要"一触即发",引起战争。

(9)不要过分夸耀自己,夫妻之间是平等的关系,成功和喜悦应由两人共同分享,过分夸大自己,会引起妻子不满和妒忌,不利于保持夫妻间的和谐关系。

(10)多一点甜言蜜语和浪漫情怀,这是获得妻子欢心的最佳途径。

☆父母如何做到情感更亲密?

第一,要尊重对方的爱好,每个人有自己的爱好是正常的。你喜欢跳舞,他喜欢游泳;你喜欢弹琴,他喜欢绘画;你喜欢看电视,他喜欢玩电脑。穿衣戴帽,各喜一套,这都是很正常的事情。你没有权利强迫对方按照你的思路行事。结婚证不是卖身契,他或她不是你的私有财产。

第二，要尊重对方隐私。要想别人尊重你，你必须首先学会尊重别人。隐私权是公民的法定权利。每个人的心里都有不愿为人所知的精神"自留地"。他的手机、电脑、钱包等你最好别动。他（她）回来晚了你不要像审犯人一样地审问，同学聚会或行业沙龙应放手让他（她）参加，在异性交往的问题上，只要不超出原则，应当尊重他（她）选择的自由。

第三，在经济上不能控制对方的经济命脉。在这个问题上女性比较突出，有的女同志在家庭中是财务大臣，把老公的工资管得死死的，钱包看得紧紧的，这样并不好，要给对方留有余地，一起理财，共同发展。

夫妻双方都是独立的个体，都有自己的行为习惯，都有自己的朋友和爱好，理应有自己的独立活动空间，该亲密时亲密，该自由时自由。这样，夫妻关系就会越来感情越深厚。

2. 亲子关系的协调

亲子关系即父母与子女的关系。由于亲子关系的血缘联系不可能随意解除，才使父母子女之间产生相互依赖。依赖与被依赖之间，要求与被要求之间，在日常生活中产生冲突，这是不足为奇的。但是家长要懂得，亲子之间冲突过于频繁会产生损害家庭正常气氛，损伤孩子心理健康，破坏孩子积极的智力活动，甚至造成家庭暴力的悲剧，因而家长不能等闲视之。

古往今来，父子、父女、母子、母女之间因冲突无法调节而绝情屡见不鲜。王宝钏为执嫁薛平贵而与父三击掌绝情，卓文君随司马相如私奔，临街当垆以耻其父，更有甚者杀父母事件更令人痛心。一个青年追求他所深爱的女子，苦苦地追了几年，终于感动了那女子答应与之交往。然而这位青年父母坚决反对，并找到那位女子"摊牌"，表示绝不容纳她，女子表示离去，这位青年绝望至极，杀掉父母后自杀。多可怕，因为亲子关系没有处理好，而使三人丧命。

亲子关系冲突的起因大都是家长的非民主观念所致，家长求全责备、小题大做，家庭教育缺乏约规而引起的。

亲子关系往往谈不上"仇"，家长对冲突矛盾是"解"还是"积"，也是教育能力高低的表现。

"积"就是产生冲突的怨恨、紧张与不满，一次一次地堆积起来，不是想办法解决，而是通过家长权威压下去，冲突时压下去了，可不满怨恨越来越深，成了以后再冲突根源。日常很多亲子关系冲突表面看似因为某一句话、某一点小事，实际上是日积月累的不满，得到一个机会发泄而致。

协调好亲子关系首先必须从家长开始，解铃还须系铃人。

威信对教育来说，是一种力量。家长的威信是调节亲子矛盾，消除紧张的重要保证。家长威信丧失，往往使得亲子冲突更为频繁，而且难以收拾。家长的威信的获得主要靠人格力量，社会能力和对子女爱的深切。孩子只有信任父母、尊重父母，才能听从父母，教育才有力量有效果。

家长教育定有规约，可以减少冲突的发生，家长和孩子之间要有一个共同制定的约定或规定，孩子做到，父母也做到，无规矩不成方圆，有了规矩大家行动有章可循，可以降低冲突的频繁次数。

家长教育民主化，有事多和子女协商、多沟通，道理通事事通，即使有冲突的苗头也可以一点点地化解，使冲突消灭于萌芽中。

从总体上看，好多亲子关系冲突都发生在孩子的青少年阶段，特别是青春期。可以说这是一个肇事时期。青春期是孩子发展的心理断乳期，孩子的独立意识迅速发展起来，重视自我，对父母教师都会有"闭锁"倾向，孩子最着重的评价是伙伴对自己的评价，集体对自己的评价，而不是父母的评价。有时孩子不听话，更是出人意料的固执，也是亲子冲突的重要根源。

注意亲子之间保持适当距离也是亲子协调的重要原则和方法。有的家长认为爱就是亲密无间,事无巨细都要亲自过问,孩子的行为、动机、兴趣全部要自己知道才放心,这样造成孩子极为被动,失去行为的空间和心理空间会引起逆反心理,引起孩子极大反感和不适应,激烈冲突势在难免。

3. 师生关系的协调

孩子从上幼儿园到大学毕业一直是老师陪着度过的。老师不但传授孩子知识,而且还要教孩子做人的道理。孩子是否成才和老师关系最大,可以说老师是孩子的领路人,教育孩子虽然说是老师的职责,我相信在教育孩子的事业上,老师是无私的,每个老师都希望把孩子教好,教成社会有用的人才。当然由于老师水平不同,能否达到预期效果那是另一回事。

每个老师都是爱自己的学生的,所以每个学生也一定要爱自己的老师,就从老师整天为同学辛辛苦苦的操劳,学生没有理由不爱老师。

但是教与学的过程中会产生很多问题,如上课不注意听讲,搞小动作。不认真学习,作业拖拉,同学之间有摩擦、打架、斗殴等不良作风,出于老师的职业责任能不管吗? 管,怎么管?用什么方法管?因为老师能力问题,有时过严过宽,而使师生发生冲突也是常有的,但是,我们从老师始终爱学生的大前提的观点出发,老师是严也好,宽也罢,都是为孩子好,而不能说哪个老师是整哪个学生,是抱有成见的,家长和孩子从这一点出发就不会怨恨老师,就不会对老师产生敌对情绪。

(五)学会与孩子沟通的能力

1. 学会与孩子沟通的意义。

许多家长常常埋怨孩子不听话,这的确是个问题。其实孩子听不听话,主要问题不在孩子,而在家长。让孩子听话也是家长需要具备的本领。打骂、体罚肯定都是不对的,那样孩子也许一时会听话,但从长远来看,却

后患无穷。要想让孩子听话,首先就要学会与孩子沟通,让孩子把你的话听在耳中,记在心中。这样对孩子的教育才真正有效。否则,家长付出再多,也都是无用功。良好的沟通与交流,对孩子的学习和成长,都有哪些意义呢?

(1)能够提高孩子的观察能力。

与孩子沟通交流,可以是丰富多彩的,家长不应拘泥于说教,而是鼓励孩子从身边的事谈起,特别是学校和班级的事。这既有利于掌握孩子学习情况,又可通过你的"感兴趣"来激发孩子的观察能力。家长感兴趣,孩子就愿意讲,孩子要讲,就必须有"素材"。而"素材"就来自于观察。同时,孩子通过观察,可发现很多不了解、不理解的现象,家长就可以借解答之机会,帮助孩子拓展知识面。

(2)能够提高孩子的语言表达能力。

提高语言表达能力的前提是"多说话"。一般孩子"说话多"没有问题,但那种表达通常是缺乏逻辑的。要"多说话",甚至"善于说话",就离不开家长的引导。比如,引导孩子在叙述一件事情时掌握五个要素——何人、何时、何地、干何事,有何结果。这样,孩子说话就会有条理性。为达到言简意赅的目的,还要鼓励孩子多用成语。对词不达意的,要及时指出,予以纠正。

(3)能够提高孩子明辨是非的能力。

孩子对是非的认识是十分"朴素"的,能满足自己要求的,能供自己开心的,即为"是";不能满足自己的,让自己生气的,即为"非"。家长与孩子的沟通与交流,对帮助孩子树立正确的是非观尤为重要。当前,爷爷奶奶负责孩子日常起居的现象十分普遍。爷爷奶奶大多对孩子宠爱有加,凡是孩子要求的,都尽量满足,这很容易使孩子"以自我为中心"。家长只有通过与孩子沟通,指出哪些要求是合理的,哪些要求是不可能得到满足的,逐步

改掉孩子无理取闹的习惯。同时, 在与孩子沟通的过程中, 鼓励孩子对话题中涉及的人、事提出自己的看法和见解, 以便掌握孩子的是非观。如果孩子有错误, 片面的看法, 家长就要把握时机教育孩子, 引导孩子树立正确的是非观。

2. 沟通要有目的性和针对性。

家长与孩子沟通应该有目的性和针对性。首先应该认清这次沟通的目的, 比如想通过这次沟通收获什么, 或者是改变什么。现实生活中, 家长常会对孩子说: "你一定要好好学习。"对现在的孩子来说, 这样的话几乎是起不到什么教育作用的。因为这过于笼统, 缺乏可操作性。这一个 "好好学习" 里面包括了太多内容、太多目标, 孩子是把握不住的。所以, 我们有必要把目标具体化, 具体到单一课程、单一问题。比如, 孩子拼音没有学好, 你只告诉他要努力, 他就一定能把拼音学好吗? 未必。因为你没有给他指出具体的前进方向。如果你制定的是一个学好拼音的具体目标呢? 比如, 今天只再熟悉一遍拼音字母, 明天只做单音练习, 后天只做拼读练习。别小看这每天一小步, 三天可就是一大步了。而且在整个过程中, 孩子应付起来相对轻松, 也就有了信心, 以后的学习就会更加顺利。

3. 与孩子沟通从倾听开始。

许多家长与孩子沟通时, 从不考虑孩子接不接受, 总想把要说的话一股脑儿灌输给孩子。结果往往是: 家长磨破了嘴皮, 却收效甚微。要想让孩子接受你的话, 先要知道孩子心里想什么。所以, 家长首先要学会做一个好听众。在倾听孩子说话时, 必须注意以下几点:

(1) 多给孩子发言权。

与孩子保持良好的心灵沟通并不难, 最主要的是看你是否把孩子当作自己的朋友。在我国, 受传统理念的影响, 很多家长在主观意识上存在着

严重的父权、母权的思想，动不动就说："大人的事，小孩别管！""大人讲话，小孩子别插嘴！"之类的话。这怎么能不产生代沟，怎么能让孩子对你畅所欲言？要想把孩子当作自己的朋友，必须赋予其发言权。不管他的论点是否正确，想法是否单纯，重要的是从小培养孩子的沟通能力，消除孩子与家长之间的隔阂。

（2）不急于做出评价。

即使孩子的看法与大人不同，也要允许孩子有自己的想法。家长应考虑到孩子的理解能力，举出适当的事例来支持自己的观点，并详细地分析双方的意见。只有父母不压制孩子的思想，尊重孩子的感觉，孩子自然会敬重父母。

（3）当顾问不当裁判。

孩子对家长的规劝常表现出逆反心理，总觉得自己已经不需要大人管教了。此时的孩子最需要一个顾问，一个参谋，帮他出主意，想办法，教他正确的处理办法，指导他学会依靠智慧摆脱困境，做出正确的选择。

（4）分享孩子的感受。

无论孩子是向你报喜还是诉苦，家长最好暂停手边的工作，静心倾听。即使一边工作一边听，也要及时的做出反应，表达自己的想法或感受，倘若只是敷衍了事，孩子得不到积极的回应，日后也就懒得再与大人交流和分享感受了。

（5）领会孩子的话意。

婴幼儿在不开心、不满意时，就会直接用啼哭来表示。等年龄稍大一些，孩子就会知道哭不能解决所有问题。因此，当他不快、疑虑时，往往将自己的感觉隐藏起来。再说，孩子的语言能力尚未发展完善，不能以恰当的语句表达心中的想法。比如：当孩子生病时他会对你说："妈妈，我最恨医

生!"此时你应顺着他问:"他做了什么事让你恨他?"孩子若说类似于这样的话:"他总是要给人打针,要人喝苦药水!"你可以表示理解他回答他:"因为要打针吃药,你觉得很不好受,对吗?"孩子的紧张心理得以缓解。

（6）理解孩子的情绪。

有时孩子也不清楚自己的情感反应,倘若大人能够表示出理解和接纳,他会有进一步的认识。例如,当孩子知道奶奶买了玩具送给小表妹做生日礼物的时候,他吵着也要,此时大人应解释说:"你感到不公平,但要知道这是给小妹妹的生日礼物,你生日时奶奶也给你礼物的。"这番对话,能让孩子了解自己、了解社会,从而变得通情达理。

4. 与孩子沟通要掌握技巧。

很多家长都有这样的感受,孩子越大越难与他们沟通。其实,家长如能不以强者的权威压制孩子,往往能得到孩子相对的友善。同时"沉默"也是一种有效的沟通方式,可以避免冲突时的言语伤害,使你冷静下来,重新去思考。这对维持亲子间的良好关系有一定的帮助。此外,父母在与孩子沟通时应掌握以下技巧:

（1）多用赞美之词和身体语言。

必须让孩子知道,无论在什么情况下,你都是爱他、支持他的。不管他说了什么或做了什么,或许你并不接纳他的行为,但依然关爱他。有时只要简单的一句"很好"、"真是我的好孩子"、"我也这样想",就能让孩子觉得得到了你的认同。有时不说话,而利用身体语言,如微笑、拥抱和点头等,就可以让孩子知道你是多么疼他。

（2）身体接触表达亲昵感情。

有些家长只是在孩子小时候才表达亲昵的感情,孩子稍大一点便改以冷淡的态度,拒绝孩子的"纠缠"。其实不管什么时候,身体接触都可以令

孩子切身体会到你的关怀。

（3）语气温和、态度友善。

家长应尽可能用欢快、平和的语气，避免用高亢、并带有威吓的声音对孩子说话，要多显示出友善和冷静的态度。

（4）多说"我"，少说"你"。

家长应尽可能不用命令的口气与孩子说话，不要总说"你应该……"，而是常说"我会很担心的，如果你……"这样，孩子就会从保护自己不被指责的状态，转而考虑大人的感受，这个时候沟通才能更有效。

5. 培养孩子的语言表达能力

（1）启发孩子，让孩子敢说、想说，乐意说。

孩子天生性情各异。有的能说会道，有的沉默寡言。对于不爱说话的孩子，首先应找出原因，然后再加以引导。一般来说，这类孩子有的是胆小，在生人面前说话容易紧张，在人多的地方讲话脸红心跳。对这样的孩子，家长应鼓励他多说、敢说，并要态度大方、口齿清楚、声音响亮。有的孩子因患有多动症，存在思维障碍，学习困难、注意力不集中、自控能力差，严重影响了语言表达能力。对这样的孩子，家长要有足够的耐心、反复引导，并尽量多给孩子创造条件，使他有机会表达自己的思想。这就要求父母充分发挥亲情的优势，多与孩子谈心、交流。同时，要丰富孩子的生活，使孩子有说话的材料和兴趣。如春天、秋天带孩子郊游，观赏春华秋实的景色；冬天带孩子观雪景、打雪仗、堆雪人；夏天带孩子去游泳，等等。在活动中丰富知识、开阔视野，就可使孩子想说、爱说，尤其是有话可说。

（2）让孩子多读、多看、多背，促进语言发展。

孩子的课本中有大量语言优美、逻辑性强，句子精练的好文章，其中诗词更是语言的最精华部分。因此，朗读课文、诗歌，并在理解的基础上背

诵,使一些名句警句深深的印在孩子的脑海中就可为孩子语言表达能力打下基础。

(3)要为孩子创设语言发展的良好环境。

家庭的熏陶对孩子的一生起着非常重要的作用。因此,在家庭生活中,家长要做到言谈不俗、用词恰当、多使用成语,诱导孩子与家长多交谈。尽管大人说话的用词孩子当时不一定全懂,但时间一长,孩子会慢慢悟出其中的含义,经过模仿,运用,就能提高口头表达能力。

(4)正确、合理地回答孩子提出的问题。

孩子好奇心强,常常会提出各种问题。家长对孩子提出的问题要热情、认真、恰如其分地回答。既可以使孩子探索真理的愿望得到满足,又能帮他克服语言上的障碍,使他的口头表达能力得以提高。

二、家长教育的五大观念

做成功的父母,必须有成功的心态。缺乏成功的心态,就没有成功的观念,没有成功的观念,就没有切实可行的方法。要么操之过急,拔苗助长,要么干脆放弃,彻底绝望。

观念一变,方法无限。在这里提出五大观念:信任、尊重、理解、宽容、提醒。前三种:信任、尊重、理解关系到父母对待孩子的态度;后两种宽容、提醒关系到父母对待孩子的行为,下面分别讲解。

(一)信任

信任孩子——信任潜能、信任本能

每一个孩子、在其幼小的心灵中,都渴望大人的信任,做父母的一句信任的话,一个信任的手势,一个信任的目光,都能给孩子无穷的力量。

父母信任孩子第一要信任他的潜能，第二要信任他的本能。

那么人们潜能到底有多大呢？据专家指出：一个人所发挥出来的能力，只占他全部能力的10%左右，也就是说人类潜能90%还未开发。如果我们能开发大脑潜能的话，就可以轻松学会40种外语，还能够学完几十所大学的课程。根据多元化理论，人共有八大潜能，每个孩子各种潜能有所侧重。孩子潜能无限，成功必有规律，决不能整齐划一。如果让毛泽东学数学，他绝不能成为陈景润，爱因斯坦也决不能成为刘宾，达尔文也决不能成为莫扎特。

我们不仅要相信孩子的潜能，还要了解孩子的潜能。如果父母不了解孩子，根据主观愿望和片面印象，硬要孩子向某些方面发展，尽管十分努力，也绝不可能成功。如果父母深入观察，积极听取各方面意见，让孩子进行多种尝试，就有可能发现孩子的潜能和优势，因材施教，让孩子顺势发展，使潜能及时、充分的开发，发展成为社会需要的人才。

即使是普通的孩子，只要教育方法得当，也会成为不平凡的人，教育方法的前提是：相信孩子的潜能，并发现孩子的潜能存在，开发潜能，每一个孩子将来所能达到的智慧高度、人格高度、成功高度都是不可限量的。

信任本能

这里所说的本能，不仅是指与生俱来的能力，像吃喝拉撒，还包括后天的生活的基本能力，像洗衣做饭，打扫卫生等。这是孩子生存上必须具备的基本能力。由于家长不正确的观念，认为孩子还小，不可能做到，于是就一切包办代替，把孩子掌握这些能力的权利给剥夺了，剥夺的结果是影响了孩子的成长。

现在的孩子大多是独生子女，家长视为掌上明珠，关怀备至，上学、放学接送不说，还帮孩子背书包，做完功课帮孩子收拾桌子的书本文具，替孩子装进书包等等，动手的事家长无所不帮，一切代劳。

父母如此不信任孩子的能力，如此呵护孩子，对孩子来说，无疑是一种灾难。因为孩子以后的路终究要自己走，他人无法代替，对孩子帮助越多，孩子得到锻炼的机会越少，久而久之，孩子形成依赖、软弱的性格。

信任孩子的本能，让孩子自己的路自己走，自己的事自己做，还给孩子劳动的权利，给他提供锻炼的机会，这样才能有利于孩子的健康的成长，迈向成功。在此，建议家长：

给孩子一个时间，让他自己安排，要求他科学分配时间，提高时间利用率；

给孩子一个空间，让他自己处理，要求他自主活动，提高独立性；

给孩子一定条件，让他自己去干，要求他主动实践，经受锻炼；

给孩子一个问题，让他自己去找答案，要求他独立思考，自行分析和解决问题；

给孩子一个困难，让他自己去对待，要求他不怕困难，勇于战胜困难；

给孩子一个机会，让他自己抓住，要求他主动抓住机会，发挥自己聪明才智而获取成功；

给孩子一个对手，让他们自己去竞争，要求他学习对手长处，又发挥自己优势，合理合法地取胜；

给孩子一个权力，让他自己去使用，要求他合理运用权力，正确处理权利和义务的关系；

给孩子一个题目，让他自己去解答，要求他善于开动脑筋，提出独立的想法。

（二）尊重

尊重孩子——听孩子倾诉

马斯洛的需要理论指出：尊重是人们的需要，任何人都需要尊重，就连乞

丐也要人们对他尊重，不但大人需要尊重，孩子（哪怕是婴儿）也需要尊重。

听孩子倾诉（认真听孩子说话）

每一个孩子，都希望父母能与他分享快乐或者忧愁，可是做父母的都往往爱听"好消息"，最不爱听"坏消息"，在成人眼中，孩子的思想幼稚，他们说的可能都是芝麻绿豆或者不着边际的小事，但从孩子角度来看，这些小事可能都是"惊天动地"的大事，而父母是他们最亲最信任的人，所以就想对父母诉说。

父母若不愿意聆听他们的话，无疑是放弃了一个了解孩子内心世界和与他们沟通的机会。日子久了，孩子便不会向父母透露心声。父母与孩子的关系，在不知不觉中就疏远了。

听孩子诉说，有时候，并不需要我们自己说，你只要蹲下身来，静静地听孩子把话讲完，孩子也就满足了。父母作为倾听者，所给予孩子的关注、尊重和时间，是对孩子最有效的帮助。倾听是尊重孩子最好方法，通过倾听，你不仅了解孩子，而且通过倾听，还锻炼了孩子的表达能力，分析能力和沟通能力，并且还培养了孩子豁达坦诚的性格。当你听孩子说话时建议你：1. 坐在他的身边；2. 放下手上工作或放弃休闲；3. 倾听的同时，配以点头、微笑、询问；4. 提出你的看法；5. 接纳他的情绪。

（三）理解

理解孩子——了解需要、换位思考

了解需要

马斯洛的需要理论包括：

生理需要：食物、衣饰、睡眠、住行；

基本需要：身心安全与保障，自由、爱、友情；

尊重需要：自我尊重、他人尊重；

发展需要：秩序、丰富、活跃、完成、自我满足、真善美等；

自我实现：成功、价值；

孩子每一个阶段，需要是不一样的。孩子在成长中，从生理需要到基本需要都获得满足后，他会有新的需要，尊重他的需要，这是孩子成长的必经阶段。

发展需要，孩子成长是连续的，而需要也是不断更新的，人最初因一系列基本需要而产生动力，当这些基本需要得到满足后，他就会走向更高层次，会因更高层次的需要而产生动力，青春期的孩子发展与需要的一些内在联系，有人称为危险阶段，因为孩子的内心需求与各方面的适应有些冲突、矛盾。这是一个过渡阶段，也是特殊阶段。父母要认真地观察孩子成长需求与现实的磨合。

换位思考

父母与子女两代人，由于社会经验，思维方式，认识水平，价值观念及生活态度，人生观念等方面有较大的差异，必然存在着心理隔阂，形成心理上的"代沟"。

【案例】

小娟是学校乒乓球队队员，已上初中二年级了。看到同伴穿着款式新颖的超短网球裙，显得潇洒漂亮，活力四射，非常羡慕，要求母亲也替她买一条。母亲执意要替她买齐膝花裙子。母亲的理由有二：买了网球裙，女儿会更加爱好打乒乓球，打乒乓球会影响学习成绩，干脆及早退出乒乓球队；女儿身体修长，网球裙太短，看不顺眼。

于是母女俩意见分歧，出现争执。

母亲沉着脸训责女儿："不听大人话，就是不买。""你要我这样，我偏那样"，小娟顿生逆反之心，说："即使你买了花裙子，我也不穿，你不让我打乒乓

球,我偏要打!"

父亲耐心地听了女儿心里话后,对女儿说:"你长大了,应该站到妈妈的角度想一想,妈妈在你这个年龄的时候,去插队落户,无法升高中上大学。他生怕你因打乒乓球影响学习,考不上高中。你要牢记妈妈对你的期望啊!再则,姑娘穿着要与自己的身体,长短相配,我看你穿运动短裤更合适。"

接着又对妻子说:"你也应该为女儿设身处地想一想,女儿进入青春期,自我意识更强了,我们要教育他正确处理打乒乓球与学习的关系,对她的穿着,只能引导,不能硬要他什么都听大人的。"

这样,一家两代人愉快的来到商城,为小娟选购了一条李宁牌运动短裤。

这位父亲不自觉的运用了"换位思考"的方法。

首先倾听接纳女儿的意见,根据女儿的情理特点,设身处地地对待女儿的要求,然后,引导女儿从母亲的角度,理解母亲,接着又要求妻子从女儿的角度考虑女儿的想法,从而各自理解对方,化解了母女矛盾,消除了两代人之间的代沟,取得了良好的效果。

换位思考,有利于交往,双方沟通心灵,彼此了解,互相接纳,充分理解对方为什么有这样的言行举止,内心世界又怎样,从而消除心理隔阂,缩短心理距离,使双方产生接近感、可信感、和睦感、理智感和信赖感。

(四)宽容

宽容孩子——学会反思、学会等待

"人非圣贤,孰能无过"?就是圣贤,亦不免出错。这是对成人错误的宽容。人在一生过程中总会犯这样那样的错误,一点不犯错误的人是没有的,人是在不断犯错误中成长起来的,大到国家小到平民都是一样的。作为人之父母必须认清这一点,可是有的父母对孩子犯了错误不能容忍。这个父母应该学会反思,学会等待。

学会反思，这不仅是思维方式的改变，更是观念的改变。孩子犯了错误，常遭到父母的训斥、责备甚至毒打。岂不知，父母责备孩子会影响孩子的一生，在不知不觉中伤害了孩子。

父母责骂孩子往往失去理智，带有情绪化的特征，情绪化的责骂原本是想矫正孩子的行为，结果却演变成横眉怒目，大发雷霆的叫骂。控制不了的父母，还会对孩子动粗，体罚或其他足以威吓孩子的体罚方式，作为教养手段。这样，对孩子来说是有害的，并可能激起孩子的仇恨心理。

为人父母者，应该学会自我控制，自我反思。当孩子出了问题的时候，不是问"你怎么啦？"而是问"我怎么啦？"是不是我们家长不恰当的方式方法、态度导致了孩子出现了这样的行为和结果呢？

教育孩子就像种庄稼，世界上没有种不好的庄稼，只有不会种庄稼的农民。庄稼在生长过程中出的问题，没有一个农民埋怨庄稼，相反，总是从自己身上找原因。

孩子的教育出了问题，做父母的都是训斥责备孩子，你有没有考虑到自己的责任，从自己的身上找原因呢？

孩子在成长过程中，总会出现这样那样的错误，孩子也正是在纠正错误的过程中成长起来的。

重要的问题不是孩子是否犯错误，而是父母采取什么样的态度，对待孩子的错误所采取的态度，恰如一把双刃剑，它既可以割破孩子的心，留下永恒的伤疤，也可以从中"掘出生命的新能源"。

☆面对孩子错误，每位家长都不能采用以下10种语言方式：

恶言——傻瓜、说谎、没用的东西；

侮蔑——你简直是个废物；

责备——你又做错了，简直坏透了；

压制——住嘴! 你怎么可以不听我的话;

强迫——我说不行就不行;

威胁——我和爸爸再也不管你, 你想走就走吧;

哀求——我的小少爷, 求求你不要这样做好吗?

抱怨——你竟然做出这等事, 太让我伤心了;

贿赂——你要是都考满分, 暑假带你去旅游; 你要是考不好, 那就在家里修理地球把!

讽刺——你可真替你爸争光啊! 居然可以考出40分的成绩。

这十种语言及其态度容易伤害孩子的自尊心, 导致家长与孩子的关系紧张, 父母必须克制自己的情绪, 忌用这类伤害性语言。

学会等待

父母对孩子的毛病、坏习惯乃至错误要有一个认识, 那就是这些问题都是在生活过程中形成的, 我们要想使其改正也要有一个过程。孩子的进步或者退步, 都不是直线的, 而是曲折的, 有时还会倒退, 有反复。但只要孩子总体上在一天天进步就是好的。教育孩子不能简单粗暴, 不能要求立竿见影。孩子身上的不良习惯并非一天形成的, 而我们家长要求孩子克服缺点, 恨不得全部一天完成。事实证明这种不切实际的要求只能欲速则不达。俗语说"冰冻三尺, 非一日之寒", 那么"冰化三尺, 也非一日之暖"。这就要求每位家长以宽容的心态学会等待。孩子改正缺点的规律是: 在前进中反复, 在反复中前进。

(五)提醒

提醒孩子——正向批评、科学施罚

如何纠正孩子的错误, 改正孩子的缺点, 一直是父母最关心的事, 面对父母的困惑, 我这里提出两大原则: 正向批评、科学施罚。

正向批评

正向批评是建设性的批评，是和破坏性批评相对立的。凡是用破坏性批评的父母，培养出的孩子，都具有消极的心态。

先说一说破坏性批评：

破坏性批评的第一种表现为：就是批评的时候对人不对事，直接进行人身攻击。有的父母批评孩子是：怎么刻薄怎么讲，只图自己发泄的舒服，哪管孩子受得了受不了。如说："你怎么这么蠢，我早就知道，你是个笨蛋、傻瓜，一点用都没有！你只有吃饭本事，饭桶、没治啦、没救啦、你的脸皮真厚，你怎么还有脸活在世上。我造的什么孽，生了你这么个不争气的东西，早知这样，还不如养条狗，你看×××，你要有人家一半就好啦……"类似的批评任何人都不会陌生。小的时候，父母这样批评我们，成年了，我们又像我们的父母一样正在对待我们的孩子，……多么可怕，在这个世界上时刻都在发生"破坏性批评！"

有的父母说："我们一片好心呀，我们是为了教育孩子，为了不让孩子学坏，让孩子更争气"。当然，出发点不错，破坏性批评带来的"破坏"确实也是无意的，但其结果都是非常严重的。

破坏性批评，本身就是批评者消极心态的表观，把自己各种不如意的消极情绪，发泄到孩子身上。因而，进行破坏性批评时，孩子受到双重消极影响：他们一方面直接承受破坏性批评的伤害；另一方面，父母等于在做破坏性批评的示范。孩子在潜移默化中学会了这一套，将来又用这一套来对付他们的孩子。

破坏性批评第二种表现，就是增加孩子的内疚感。

"孩子，爸爸妈妈很辛苦啊，你一点不争气，一点都不像其他同学那么乖，那么聪明，你这样怎么对得起爸爸妈妈？"

也许更多的孩子不知道，但有一点是知道的：就是我不好，不争气，我要补偿，我要报答。如果经常发生孩子要偿还的债，越积越多，便会陷入深深地自责而产生负疚感，幼小地心灵就背上了沉重的忏悔的十字架，背上了包袱去奋斗，成功的难度相对就大得多了。

破坏性批评第三种表现比较隐蔽，就是有条件的爱，这会给孩子造成伤害。

"你考90分以上，我才给你买玩具，你做好了，妈妈才爱你……"从此，孩子知道了，爱并不是无私的，爱是有条件的，孩子的爱心被"功利"扭曲了。破坏性批评直接摧毁人的自尊，增加心理负担，扭曲心智，孩子的自信心会因此而消失殆尽。

因此，奉劝所有做父母的完全、彻底、毫不留情地抛弃破坏性批评，应当采用正当的、建设性的、积极性批评。

正向批评的原则是：

首先要反思自己，先从自己身上找原因；

换位思考；

对事不对人，孩子永远是好的；

善于发掘优点，多表扬、少批评；

保护孩子幼小心灵，不能伤害孩子的自尊心。

凡是符合以上原则的，都属于正向批评，比如讲故事批评、爱心批评、沉默批评、谈心批评、幽默批评、激励批评、赏识批评等等。

科学施罚

正确的施罚可以有效地改正孩子的错误，但惩罚也不是包治百病的良方，惩罚不当会使孩子的坏习惯变本加厉。另外，惩罚的反复使用，也容易让孩子对父母有一种恐惧心理，产生距离。

因此，在惩罚前，首先要分析孩子产生过错的原因，以便对症下药。

第一、无知和缺乏经验，这是少年儿童的天然特点。许多事情，他们不知道该怎么做和不该怎么做，因此，他们的许多行为都是自然情感的流露。

比如：当有人惹他们不高兴的时候，他们就会用攻击的行为——骂人或打人作为抗拒，却不明白这是被社会指责的不文明行为。

对于无知而犯了过错的孩子采用简单粗暴的责罚，根本无用。有效而又有利于他们身心健康发展的方法，就是给他们灌输有关知识，采用孩子喜闻乐见的方式让他们明白不要打人骂人的道理。这样，就会使他们由无知到有知，从不懂到懂，也就会在他们的活动中少犯和不犯因无知而造成的过错。

第二、好奇和模仿。

孩子随着年龄的增长和活动范围的扩大，他们看到的和实际接触到的事物日渐多了起来，对于这些事物他们无不感到新奇，并随即产生一种对新事物的趋向性。

往往促成对此事物的人和物的模仿倾向，对由于这种原因而发生的过错的孩子，当然也不应该责罚而应该进行积极的引导和帮助，逐步培养和提高孩子道德评价和判断是非的能力。

由于父母是孩子最先接触和经常接触的人，因而最容易影响孩子的言行，所以做父母的首先应该检点自己的言行，使自己的一言一行都成为孩子做人的楷模和表率。这就要求每一位父母都应该具备良好的道德情操和人格品质。

第三、主观意识与能力发展水平的不平衡。

孩子主观上想把事情做好，但因受生理和心理发展水平的限制而做错

了事,这时父母应该更多关心和爱护,教育他们做事要小心、稳重、不要性急,这样就会避免和减少错误的发生。

第四、自我控制的能力较差。

孩子们有时虽然知道了有关知识,也懂得了有关道理,但行为上却不能照着做。

比如:我们发现有的孩子也知道"应该按时回家吃饭",但是他们在外玩耍,流连忘返常常使做好饭的父母等得着急,这就是由于他们缺乏自我控制的缘故。

对这类行为,做父母的应该经常监督和采取一定的措施,有意识地训练他们的自我控制能力。

第五、自尊心的旺盛发展与道德认识能力薄弱的矛盾。

进入少年期的孩子,自尊心旺盛起来,但他们的道德认识能力并没有同步发展,因而容易出现过分的执拗,不听话、跟大人顶嘴以及明明不对偏要这么干。

对于这种原因引起的过错,如果父母不注意保护他们的自尊心,不是采取规劝引导的说服方式,而是一味的进行粗暴责罚的话,不仅不易为孩子所接受,甚至会造成对立情绪,以致影响家长在他们心中的威信。

父母一旦失去孩子对自己的信赖,孩子在接受他们的教育时,就会出现一种"心理障碍",对父母的话一概采取忽视、反感或者拒绝的态度,而不管父母的话是否有道理,这时父母对他们教育便无从发挥作用了。

科学惩罚的原则

(1)惩罚与教育相结合

必须使孩子明白他们为什么受罚,要让他们弄清犯错误的原因,说明错误行为的后果。惩罚仅仅给予孩子一种条件刺激,孩子改正了错误并不

等于明白道理，只有让孩子明白了受惩罚的原因，才是根除错误的关键，这种坚持正面教育的结果，就会使孩子由无知到比较有知，从不懂到懂，也就会在他们的活动中少犯和不犯因无知而造成的过错。

（2）惩罚与奖励相结合

不能一味的惩罚，片面的理解惩罚的意义。要做到严厉中有慈爱，减少由于惩罚而带来的对抗和怨恨情绪，从另一程度上加强惩罚的效果，也趁此期间，留给孩子改正错误的机会。

（3）惩罚要合理

惩罚程度要适中，要使被惩罚者心理、肉体上能接受。如果不是应该受到惩罚的行为，却由于家长情绪不好而迁怒于孩子，则很容易使孩子产生对抗情绪。

（4）惩罚要考虑行为动机

从心理学角度说，人的行为受动机支配，动机不同，产生的行为后果不同，孩子也是如此。但由于孩子尚年幼，思维还不很全面，动手技能还不熟练，为此，常会出现好的动机而产生失误，如果因此遭到惩罚，则可能挫伤其积极性，以致在小时候养成畏首畏尾的性格。

（5）惩罚要及时

应尽可能在发生不良行为当时，就施以惩罚，如果时间长了，则很可能使孩子对其行为在一定程度上淡忘，产生懈怠感觉，惩罚就不容易被接受。

（6）惩罚要讲究方式

应视不良行为的程度和后果，分别处以不同的惩罚，此外还应注意方法和场合，千万不能当着同学或者亲友的面伤了他的自尊心。

惩罚应避免讽刺打击，不能用恶毒语言指责孩子。讽刺和恶毒的语言

只会使惩罚超越孩子理智可以接受的范围,刺伤孩子的自尊心。谩骂从来不是正当的教育手段,惩罚的目的仅仅是为了帮助孩子改正错误,绝不可以刺伤孩子心灵中最敏感的角落——自尊心。

(7)惩罚要一致

孩子受到惩罚时,其父母或亲属都应一同对待,不能做无原则的庇护。否则,会达不到教育的目的。而且会导致孩子为自己的错误行为辩解。

(8)心境不佳不能施罚

有些家长在酒后,或心情不舒畅,或健康欠佳的时候惩罚孩子,往往由于把握不住自己的感情而使惩罚无限制的升级,而导致父母与孩子之间的对抗。这时父母的失态也容易激起孩子的反感,降低自己在孩子心目中的地位。

(9)要防止习惯性惩罚

放弃对孩子的说服教育和开导,动不动就惩罚,就会使孩子越受惩罚,不良行为越多,甚至由于惩罚而衍生出其他不良行为。

三、家长教育五大原则

家庭教育方面,很多家长很难和孩子和平共处。他们总是高高在上,不能站在孩子的立场上看待问题。抱着"我是家长,我说了算的态度"。

家长教育必须要讲原则,其原则共分五大方面,它们是:平等原则、激励原则、诚信原则、家规原则、循循序渐进原则。

提出这五大原则的理由是:

家长抱着"在家君为臣纲,父为子纲"的旧观念不放。因此,我们选择了平等原则。

父母常常采取"优点不说跑不了，缺点不说不得了"的思维方式，因而成天拿着"显微镜"和"放大镜"寻找孩子的不足，认为只要孩子的不足都改了，就万事大吉了。事实上，这不利于孩子的成长，出于这种考虑我们选择了激励原则。

诚信与否一直是人们特别关注的话题，特别是在市场经济不断发展的今天，"诚实守信"与"诚信缺失"令人关注。因此，必须对孩子加强诚信教育，从小培养诚信的习惯。鉴于此，我们选择诚信原则。

很多家长经常抱怨孩子不听话，孩子为什么不听话？很多时候是因为他们"无话可听"；孩子为什么不讲理，往往是因为他们"无理可讲"，而我们给他们定下家规，孩子比家长要求的执行更好。因此我们选择家规原则。

家庭教育是一个长期过程，它贯穿孩子成长的始终。而有些父母总是希望孩子早日"成龙"、"成凤"，往往采取"拔苗助长"的办法。实际上人才成长有其本身的自然发展规律，必须按其规律办才成。为此，我们选择循序渐进原则。

作为家长在实施家教过程中必须严格遵守家教原则，在家教原则指导下进一步拓展家教理念，提高家教技巧，为社会、为国家培养出更多更好的人才。

（一）平等原则

平等作为家教原则的第一条，是有其必然性的。中国是有五千年的文化传统，"君为臣纲，父为子纲"深入每个人的脑海里。在不少家长心中，与孩子平等简直是"天方夜谭"，不可思议。所以亲子沟通越来越难。很多家长常说，孩子小的时候都很听话，可是随着孩子不断长大，孩子越来越不听话，这到底是为什么呢？一个很重要的原因，就是没有把自己摆在与孩子平

等的位置上。不能平等，自然会产生隔阂。

家长在孩子面前，常常是严肃有余而和蔼不足，特别是孩子出现错误的时候，家长不是以理解的态度去对待孩子，而是把孩子本来无意所犯的错误当成故意而为，致使本来是一件很平常的事情，往往复杂化，使矛盾不断升级。

因为家长与孩子之间缺乏平等意识，孩子的行为举止都被纳入了家长的规范。我们发现，很多矛盾的产生，不是因为孩子错了，而是家长和孩子评价事物的标准不一样。而家长总是处于强势地位，家长的标准就是法律，孩子自然处于弱势地位，他们的标准自然就"不足挂齿"了。因此，能不能用一种平等的心态与孩子交流，是家长实行家教"平等原则"的关键。如果父母能经常和孩子平等相处，与孩子亲密无间，让孩子觉得家长跟自己就像亲兄弟或朋友一样。要做到这一点，父母就应该想办法和孩子打成一片，即使再忙，也要忙里偷闲跟孩子聊聊天、和孩子玩一玩，千万不要在孩子面前妈妈总是愁眉苦脸，唠唠叨叨的"黄脸婆"，爸爸总是怒发冲冠，横眉立目的"黑手党"，使孩子产生畏惧，胆战心惊。为了不让孩子对家长产生畏惧感，平时家长跟孩子说话时，不要老是高高在上，用"君临天下"的方式教育孩子，这样会让孩子很压抑，达不到教育效果，所以家长应该用一种对等的姿态，采用平视的方式和孩子说话，营造出平等的气氛，让孩子能静下心来倾听。

为了更好地实施和运用平等原则，年轻父母应早日、经常使用"无过错、无批评、无压力"的三无准则。

1. 无过错准则。

淘气、打架、损坏物品等是孩子经常行为，传统教育观念认为：如果孩子犯了错误，要对其进行说服教育，如果说服教育不管用，常常采取打骂方

式来解决。

无过错准则认为：孩子淘气、损坏物品等行为，他们没有主观犯错误的动机，而是由于不正确的认知导致的，孩子的这些行为，是孩子对客观世界的探索行为，在孩子们看来，自己的行为没有不合理之处。每当孩子"犯错"的时候，家长千万不要用自己的好恶来评价孩子，因为孩子心目中没有成人所理解的对或错的观念，他们是以自我为中心，并以此来认识周围的人和事。如果家长对孩子的行为限制过多，就很可能大大地扼杀了孩子的创造力。

2. 无批评准则。

在家庭教育过程中，很多家长常常是只要发现孩子的错误行为，就会大声呵斥、批评或表露出非常不满的样子。事实上，用这种方式来处理孩子犯错误是很粗暴的，孩子会不知所措，胆战心惊，最终导致孩子在以后做事的过程中畏首畏尾，没有冲劲。严重的还会令孩子丧失应有的主动精神。

这是因为，很多时候，孩子并不知道自己错在哪里，该怎么做，有时候你用说理或批评，孩子不能完全理解，孩子不明白，不会取得预期效果，所以，要说孩子能听懂的话，在实际生活中，让孩子明白什么是正确的行为，什么是错误的行为，这比其他任何教育都重要。

比如：孩子经常哭闹，很多家长都很头痛，因此有时对孩子的哭闹大为恼火。家长应该知道，喜欢哭闹是孩子的天性，是孩子健康成长的必然阶段，家长大可不必"深恶痛绝"、"怒气冲天"，遇到孩子哭闹，要弄清楚是什么原因，如果是正当要求要尽可能满足，对不能满足的要求要跟孩子讲清楚。对无理取闹可以不与理睬。

3. 无压力准则。

孩子就像一棵小树，不要人为地给他很大压力，给孩子一个宽松的

环境，无疑会增加孩子的快乐，开发孩子的潜能。有些家长可能发出这样的疑问：不给孩子压力，孩子长大以后有抵抗风险的能力吗？不给孩子的压力，不是不给孩子锻炼的机会，而是让孩子满怀信心地勇敢面对。另外，"无压力准则"所讲的压力，是指那种不适宜的过度压力。当然，不给孩子压力，也不能让孩子由着性子来，家长在教育孩子的过程中应该有所取舍，"抓大放小"是一个好办法。既要管好孩子，又要放开手脚。有的家长对孩子管的非常细，很多时候几乎到了事无巨细的地步，因而孩子的灵活性没有了，剩下的就是"照章办事"。

家长管理孩子，"管"要有度，不把孩子"管死"了，"不管"应有不管的原则，绝不放任自流。

为了更好地掌握平等原则，父母应该做到：

①对孩子的评价应客观、公正、并应该接受孩子的反馈。

②允许孩子表白和申辩，父母要耐心倾听。

③建立家庭日记，孩子可以把对父母的意见和建议写上去、及时交流。

④亲子之间应该举行定期"民主生活会"进行批评和自我批评。

⑤相信孩子的能力，给他自信心，给他自由空间和自己做决定的机会。

（二）激励原则

激励是孩子成长的重要方法和手段。孩子需要激励，就像植物生长需要水分一样。离开激励，孩子就不能茁壮成长。家长应该把激励当作最有力的手段，给孩子以信心和勇气，让他们乐于表现自己，不断提高能力，努力证明自己的价值。激励能够使孩子成为生活的强者，最终实现个人目标。

激励的作用是非常大的，研究表明，缺乏激励，一个人自身潜能只能发挥20%-30%，正确而充分的激励则能使人发挥其自身潜力的80%~90%。

日本一位儿童教育学家的一项研究表明，孩子经常受到父母激励和很少受到父母激励，其成才率前者比后者高5倍，中国伟大的教育家陶行知先生指出：教育孩子的全部秘密在于相信孩子和解放孩子。而相信孩子，解放孩子首先就要学会激励孩子。没有激励就没有教育。激励犹如孩子成长的营养剂，激励能扬起孩子生活的风帆。

当孩子面临一项艰巨任务，缺乏勇气和决心时。家长、老师如果激励他说："你能行！"他会产生克服困难的勇气和信心。在运动场拉拉队给运动员加油也能起到激励作用，人就像汽车而激励就是汽油。家长必须学会调动孩子的积极性，让他们发挥潜能，这就好像是给他们的油箱加油。

激励原则认为，真正有效的激励应该是家长多拿出时间陪在孩子身边，把孩子每一个细微的进步看在眼里，记在心上，适时的给予夸奖与肯定，当孩子遭遇失败时，不是一味地指责，而是冷静地帮助孩子分析问题，找出不足，让孩子鼓起勇气再接再厉，向目标继续前进。

孩子的成长是一个长期的过程，在成长过程中有欢笑也有泪水，有快乐也有痛苦，孩子只是希望家长能够始终如一的支持他们，陪伴他们成长，不管是胜利还是失败，不管是快乐还是悲伤，有家长的陪伴，他们会更安心，更满足。

孩子十分在意自己在家长和老师心目中的地位，如果能够经常给孩子一些激励，不但能提升孩子的自信心，同时也会让孩子乐意保持和坚持积极向上的行为。

☆**家长应该从哪些方面激励孩子呢？**

（1）激励孩子实现目标。

实现目标的渴望，是孩子成长的重要动力。没有目标，孩子就会懒散，盲目。因此家长首先要根据孩子的兴趣爱好和个性特点，帮助孩子树立一

个合理可行的目标。然后家长就可以时时激励孩子去实现目标。为孩子增加前进动力。

☆激励孩子的兴趣爱好

兴趣爱好,对激发孩子提高能力和发展特长非常重要。家长应该多关注孩子平时喜欢什么,不喜欢什么,努力培养孩子的兴趣爱好,奖励孩子长时间的保持某一种兴趣,不断提高水平,最终发展成为一项特长。发展孩子的能力和特长,对孩子的人生有着重要的影响。

(2)激励孩子好的品质和习惯。

很多家长往往是注意孩子的学习成绩,其实培养孩子的品质和习惯也非常重要。家长要经常教育孩子追求真、善、美,让孩子养成坚强、勇敢、执着、乐观等好的品格,同时激发孩子养成好的生活习惯,学习习惯。

(3)激励孩子善于思考。

培养孩子的思考能力非常重要。当孩子提出一些稀奇古怪的问题时,家长要鼓励孩子思考和探索,而不是以成人的思维方式和知识水平来否定孩子。

对于孩子的提问,不要一下子给出答案,应该通过启发的方式,鼓励孩子通过思考,自己找到答案。

(4)激励孩子独立自主。

许多家长教育孩子,总是希望孩子听话,顺从父母。认为听话的孩子才是好孩子。其实这样的孩子缺乏主见,容易成为别人的附属品,所以家长一定要改变观念,激励孩子自主分析和判断什么是好,什么是坏,什么是对,什么是错,鼓励孩子独立自主。

父母和老师对孩子的激励固然重要,但也不要忘记同学和朋友对自己的激励作用。如同学之间在学习上互相鼓励和互相竞赛,你追我赶,更能

激起孩子的学习劲头。

这是正激励方面的作用，但也不能忽视负激励的效果。如有的同学学习一般，受到学习好的同学的歧视甚至遭到侮辱，从而产生一定要赶上或超过他的思想，暗下决心，鼓足干劲努力学习。除了别人对自己的激励外，自己对自己激励则更为重要。

☆自我激励的方法是：

> **读传记法**

◆ 苏联伟大作家高尔基孩童时，读了法拉第的传记后，他心灵被深深的震撼了，一个装订工人可以成为伟大科学家，难道我就不可以吗？我也一定行。

> **榜样法**

◆ 经常参加英雄模范报告会，特别是身边的大学生和亲戚、邻居中的优秀人物都是自己的学习榜样和标兵，时时鼓励自己，向他们学习、看齐。

> **参观法**

◆ 有很多同学利用假期参观北大、清华，觉得校园太美了，在那里学习太幸福了，从而产生一定要到那里来学习的愿望。

> **亲历目睹法**

◆ 刘邦和项羽目睹秦始皇威风凛凛出巡时的场景。一个生出："大丈夫当如此"的雄心。一个生出："彼可取而代也"的壮志。1936年，克林顿17岁作为中学生代表参观首都，并得到了总统肯尼迪的接见，此后在克林顿心中就确立了当总统的志向。

> **成功强化法，**

◆ 每一个人在确立前进目标时，设计要小一些，步子迈得要小一点，确保百分之百达到，在前进中不断成功，每一次的成功都是一种激励，使自

已从胜利走向胜利, 证明我能行。

> 追赶法

◆ 把比自己强的人作为追赶目标。如自己学习是50名次, 可以把49名次作为追赶目标, 以此类推, 一点点从最后追到最前, 你有了目标, 就有了方向和动力。

> 座右铭法

◆ 将伟人名人的名言警句放在床头和桌前, 经常看, 提醒自己, 鞭策自己, 鼓励自己。

(三)诚信原则

诚信就是诚实可信。从"诚"与"信"的关系来看, "诚"是"信"的基础, 有"诚"就有"信", 无"诚"也就无"信"。一个诚信的人就能履行承诺, 获得信任。因此, "诚信"集真、善、美于一体, 是真、善、美的和谐统一。

诚信就是真, 真是诚信的基础, 这就是为人处事实事求是, 从实际出发。家长播种诚信, 孩子才能获得良好的品质和性格, 孩子的成功就有了保证。家长要教育孩子, 认认真真地做人, 安安心心地读书, 从小就让孩子知道对自然、对社会, 对自己应该持什么态度。明白什么是正义, 邪恶, 什么是高尚、低俗, 让孩子了解世界、了解自己、了解社会等等。

诚信就是善, 善是诚信的内容, 诚信是处理人际关系的过程中表现出来的一种善举, 是一个人对社会的责任。人是社会关系的总和, 人类社会是一个利益的共同体。在社会关系中, 人具有无法消解的同一性、信赖性, 而这些反映到人们的意识中, 就表现为: 良心、同情心、责任感、合作精神, 这就是对自己的行为的正确把握, 对他人权利的足够尊重。因此, 家长应该抓住时机, 培育孩子的善良品质, 塑造孩子的健康而完善的人格。

诚信就是美,美是诚信的表现形式,是诚信的风格。在当今社会诚信建设亟待加强,有的人认为讲诚信的人老实,常常吃亏,这是绝对不正确的。因为诚信所显示出来的人格魅力和精神风格能够感召人、影响人,是社会的中坚和脊梁。家长应把眼光放远一点,因为孩子的发展必须依靠诚信。

无数事实证明,家庭是孩子诚信教育的重要阵地,家长教育是孩子优良品质形成的奠基石,在充满民主、爱心和责任感的家庭里,孩子的智力和心灵就能够获得家庭的正确引导。在日常生活中表现出诚信和美德的家庭里,在对孩子的管教充满仁慈和爱心的家庭里,孩子的诚信品质能够得到很好的塑造。

为什么有的孩子诚实守信,有的孩子欺诈成性?不是孩子天生如此,而是家长教育所致,家庭环境、社会环境所致。

希望自己的孩子诚实守信,就应该明白诚信的根源在哪里?诚信的内在要求是什么?诚信的关键在哪里?怎么样保证诚信实施等。

> **尊重:诚信的根源。**

◆ 调查表明:如果家长独断专行,经常在孩子面前使用命令、威胁、恫吓、讽刺、甚至使用暴力"对付"孩子,那么就极易损伤孩子的自尊心。在这样的环境中,孩子极可能产生逆反心理。孩子为了满足某种要求或避免某种处罚或获得某种奖励,就会自觉不自觉地产生口是心非,言行不一的情况。

◆ 如果家长作风民主,家庭和谐,平等,环境协调,孩子就会生活在一个愉快的气氛中,孩子的诚信品质的发展就有了极为重要的客观条件,孩子诚信的品质就自然而然地建立起来。因为这样的气氛能够给孩子以尊重和理解,能为孩子提供情绪、情感上的安全感,孩子就会充满信心,大胆地

地探索, 而不必"编造"谎言来"趋利避害"。

> **责任感: 诚信的内在要求。**

◆ 责任就是对自己生命的珍重, 就是对他人生命的倚重, 就是对社会发展的凝重。责任感是真诚的显著标志。对自己负责, 不自欺; 对他人负责, 不欺人。言必信, 行必果, 言行一致, 表里如一, 不仅是自己受到尊重与信赖的基本条件, 也是社会健康发展, 稳定前进的动力。因此, 家长必须重视对孩子责任心的培养, 从自己身边小事做起, 做错了自己负责, 不要言行不一, 口是心非。

> **践行: 诚信的关键。**

◆ "诚"是"信"的基础, 是内在的道德信念。"诚"的要求是: 内心所想与外在言行一致。也就是既忠实于自己, 又诚实于他人。"信"是诚的外在表现, 是判定"诚"的依据和标准, 是为了维持人与人之间, 人与社会之间的关系准绳。遵循由"诚"到"信"的关系, 注重道德层面上的养成, 进而达到由"诚"促"信", 由"信"促"诚"的目的, 由低级到高级渐次递进。孩子通过与外部环境的互相作用, 不断建构诚信理念, 促进诚信行为, 形成诚信习惯。因此, 孩子诚信行为的实施, 诚信习惯的形成, 必须实践, 而不是只停留在口头上。

> **及时诱导: 实施诚信的保障。**

◆ 家长要让孩子懂得什么是诚实守信, 什么是欺诈虚伪, 要旗帜鲜明地鼓励诚信, 批评欺诈虚伪。及时肯定孩子诚信的言行, 对促进孩子诚信观念的形成有着积极的作用。

【案例】

明朝刘伯温讲过这样一个故事:

一个富商过河, 乘船触礁翻船, 在水中, 他大呼救命说: "谁救我我给100

两黄金!"

一个渔夫救富商上岸后,他却只给了80两金子!渔夫责备富商不讲信用,商人训斥渔夫实在贪心。后来,这个富商又遇到同样的情况,像上次那样,富商高喊:"谁救我我给他100两黄金!"碰巧,上次救富商的渔夫也在岸边,就对人说:"这人说话不算数。"结果富商被淹死了。

家长可以告诉孩子,这个商人正是因为不信守诺言,最后付出了惨重的代价。家长在与孩子交往中,也不要轻易给孩子许愿,一旦许愿一定还愿,否则就要犯轻诺寡信的错误。父母要做有心人,为孩子创造愉悦的诚信氛围,以感染孩子的心灵。平时给孩子讲一些善于诚信的故事,用故事中的情节教育孩子。和孩子一起阅读有关诚信的图书,让孩子对诚信发表自己的见解和看法,以纠正孩子对诚信的错误认识。鼓励孩子多与讲究诚信的人交往,在交往中感受诚信,思考诚信。孩子在充满诚信的环境中成长,就能逐步培养出诚信意识。

(四)家规原则

我们国家是法制社会,国家制定很多法律,每个公民都在法律的约束下生活、工作,使国家和谐安定,使公民幸福安康。如果没有法律约束,处于无序状态,将国不国,人民定会遭殃。国家是这样,各单位、各厂矿也都要有一些规章制度,学校也要有校规。当然我们家庭也要有家规,用家规来统一家庭的行动。无规矩不成方圆,在家教中也要立一些切实可行的规则来完成教育孩子的任务。有人说孩子小你立规矩他不懂也很难实施,这种想法是错的。如孩子作息时间,我们要科学合理的给以规定,常了他就会形成习惯;饭前洗手也要给以要求,常了他就会自动遵守;学习更是这样,何时写作业,多长时间完成它总要有个要求吧?家庭规章不是专给孩子订的,作为父母也要有个规则。以便以身作则,给孩子做个榜样。

这里有个问题,就是怎样才能产生一个既合理科学又能为大家共同遵

守的好的规则呢,这里有几项注意事项。

①必须从有利于孩子身心发展来考虑;

②如果孩子稍大一点可以请孩子共同参加,这样孩子更能主动配合执行规则;

③制定规则不要要求太高,一定要孩子愿意才行;

④一旦制定不能朝令夕改;

⑤一定要共同遵守共同监督;

⑥在实施过程中奖惩一定要合理。

家规是解决家庭矛盾的最好方法,仔细想想,家庭矛盾中有很多事情就是因为事前没有约定好而产生的,每个家庭成员(包括孩子)都生活在自己制定的"标准"中,标准不同,矛盾产生,争吵不断,大多时候,静下心来约定好,问题就很快解决了。

同时,家规也是家长教育的基础原则,做好家规,没有孩子不听话的。可是现在越来越多的孩子没有规矩了,就是因为很多家长没给孩子定规矩,正因为没有规矩,孩子就没法去守规矩,没规矩守什么呀?这不能愿孩子,而责任在家长。而有些家长随心所欲的定一些不合实际的规矩。高兴时宽得没边,不高兴时严得要命,这哪是定规矩,简直就是霸王条款,孩子能执行吗?

怎样来实施家规原则呢?

家规原则有它一定程序,就是事前,事中、事后。事前有约定,事中有提醒,事后有总结。有一位妈妈带着孩子去逛商场,孩子看到现玩具电动汽车,非要买不可,可能妈妈不给买,孩子又哭又闹又满地打滚,闹的妈妈没有办法,买也不是,不买也不是。如果采用家规原则来处理这件事就好办多了。妈妈在与孩子没有去商场前跟孩子说:"宝贝,愿意跟妈妈去商场

吗?"孩子高兴地说:"愿意"。妈妈这时就采取第一步(约定)说:"去商场可以,但妈妈没带多少钱,你不可以买东西啊!"孩子回答:"坚决不买。"那好咱们就出发。可到了商场孩子看到了玩具汽车,提出要买,这时,妈妈采取第二步(提醒):"临来时你不是说坚决不买东西吗? 孩子可不要说话不算数啊"。孩子无言以对,归来后妈妈采用第三步(总结)跟孩子说:"宝贝,咱家已经有了玩具电动汽车,你今天表现很好,下次给你买一架玩具电动飞机吧。"孩子高兴地答应了。再如对待家庭作业上孩子老是磨磨蹭蹭,妈妈几次催促,孩子总是我行我素。妈妈干着急没办法。后来妈妈采取家规原则很顺利解决了这个问题。她告诉孩子,妈妈不给你规定完成作业时间,但有一点,必须完成作业然后才能看电视。这时孩子为了看电视,很快就完成了作业。久而久之形成了习惯,就是不看电视也能回家后马上写作业,再也不拖拉了。无论孩子有什么问题,家长采用家规原则没有不灵验的。很多家长掌握了这一方法,使孩子个个都变得听话起来。

(五)循序渐进原则

世界上任何事物发展都是有其内在规律的,而且都是有序进行的,比如种庄稼,必须是先播种、发芽、生根、出土、长茎叶、开花、结果,这一过程就叫有序进展,没有哪一个没有经过上述进程,直接就开花结果的。再如工业发展也是先有手工小作坊,一点点发展成大工厂。我们人的认识过程也是由浅入深,由已知到未知,由现象到本质,从感性认识到理性认识逐步深化的。在学习上也是如此,因为学习必须由最基础的内容开始,按着知识的结构体系和个人的接受能力,有层次、有步骤地向更高的知识层次发展。无论读自然科学方面的书,还是读社会科学方面的书都要先读初级的,再读中级的,然后再读高级的。

循序激进,还要适量。一般说来一次不要读得太多,初学一门知识,初

读一种书籍时，进度要放慢些，切勿贪多求快。有一个故事说：一个未把货捆结实的醉酒的车夫，他不往后面看，只是往前赶，赶回家去的仅是一辆空车。还有黑瞎子掰苞米最后只有一个，同样的道理，我们读书要讲实效，可不能像醉酒车夫和黑瞎子那样，只顾快读，多读，而不管到头来的实际收获如何。

可是有些年轻的父母，由于望子成龙，望女成凤心切，特别是看到或听到有些人少年成才的故事，就心慌意乱，恨不能自己的宝贝儿子一天培养"成龙"才好。在急功近利的心情趋驶下，给孩子报各种培训班，也不管孩子愿意与否，是否对这方面有兴趣。一天24小时，甚至25小时也要用上，礼拜天甚至礼拜八也要用上，孩子是人，他不是机器，试想他能接受了吗？须知，一个人的成长是有一定规律的，婴儿还不会走，你叫他跑能成吗？种庄稼一个劲儿施肥，一个劲儿地浇水能成吗？无论你怎么折腾，它必须到时候才能开花结果。拿施肥来说，必须测土施肥，如果是缺钾肥你偏偏给它放氮肥不徒长才怪呢，孩子对画画感兴趣你偏让他练钢琴，他对音乐感兴趣你偏让他去学画，孩子能高兴吗？在父母权威指导下，孩子违心去做能有效果吗？有一个孩子画了一副漫画，一个小羊在弹钢琴，它身后站着一个凶恶的狼在监视着小羊，这是儿子对母亲的控诉和反抗。

希望父母要调整心态，要等待，要按着规律办事，对孩子学习上不能急功近利，要稳扎稳打，基础雄厚了，进入更高层次阶段学习的时候就得心应手了。孩子基础好，他进一步学习也不会感到累，他也会更有信心了，更有兴趣了。由开始的："要我学"变成了"我要学"。

四、家长教育六大误区

在我国家庭教育中存在着六大误区,我们把它称为"六多六少六无度"。

"六多六少"是:

1. 知识传授多,智力开发少。

孩子很小的时候,大人就教他数数、认字、背唐诗,认为这就是智力开发,并时常以此向朋友炫耀,自己的孩子智商有多高。孩子大了,很多家长由于文化水平所限或工作没时间,而不能向孩子灌输知识,只好给孩子搜集各种参考资料,逼着孩子"啃骨头"。实际上家长只是在重视知识的学习,而对智力开发缺乏正确的认识和重视。

2. 对学业关心多,综合素质培养少。

我们调查发现,半数以上的家长最关心的是孩子的学习成绩问题,而对于那些成功者不可缺少的其他素质,比如:人际交往能力,劳动习惯,意志品质却不够重视。

3. 脑力劳动多,体力劳动少。

调查发现,很多孩子发自内心的呼吁家长给予劳动的机会,让他们做做家务,这样他们可以舒展一下筋骨,增强体能,学习生活的技能。比如一个孩子这样要求:"让我做些家务吧,我已经12岁了!"有的家长也反映他们的孩子不爱劳动,实际上并不是因为孩子懒,是因为家长束缚了他们的手脚。如果家长们坚持"万般皆下品,唯有读书高"的错误思考,只让孩子进行脑力劳动,而忽视体力劳动。

为此,有人预测将来人类可能进化出新的体形:脑袋大得像个西瓜,四肢萎缩成火柴棍。

4. 身体关心多，心理指导少。

孩子有个头疼脑热，家长会马上带去看医生。孩子长不高，会给孩子买各种营养品、促长药，还到处打听有没有偏方什么的，而家长对孩子的心理发展规律，心理健康知识却知之甚少。比如：家长对孩子的青春期性心理健康问题，很少给予任何指导，孩子只好到小书摊、录像厅里寻找答案，不少人结果误入歧途。

5. 硬性灌输多，启发诱导少。

很多孩子都反映他们的爸爸妈妈让他们做一件事情，或者禁止他们做一件事情时，从不告诉他们为什么，孩子不明白其中的道理，当然不会去做。家长对孩子的教育都是指令性的，强迫性的，孩子只好反其道而行之。而教育孩子的科学方法是根据孩子的特点因势利导。比如：有个女孩子爱画画，老在自己的房间里的墙上画得花花绿绿的，家长没有因为孩子把洁白的墙壁画的脏兮兮而批评她，因为画画是幼儿表达自己想法的一种需要，而且对她的观察力、想象力的发展有重要意义，于是这位家长就给女儿买了块大画板，并指导她在画板上画，女儿特别高兴，因为妈妈支持他。此外，妈妈还买了小桶涂料，让女儿当助手，一起把墙壁又刷的干干净净。

6. 期望要求多，因材施教少。

家长对孩子要求高，给孩子造成很大压力。有一个小学生画过这样一幅漫画：一只小山羊在满头大汗地弹钢琴，背后一只狼虎视眈眈的监督着，上面写着"妈妈与练琴的女儿"的字样。想想这幅漫画，简直令人心酸。有的孩子反应他光星期六、星期日就要上四个补习班或强化班。孩子活得太沉重了，很可能在未成才之前就被压垮了。而家长根本就没考虑过孩子的兴趣和爱好，也谈不上因材施教。

家长教育中的"六种无度"现象

①无微不至的呵护。

家长对孩子无微不至的关怀，常被作为美德加以表扬。然而，过分的保护会导致孩子懒惰、依赖和娇惯，不利于孩子的健康成长，实际上，孩子都想学会独立生活，而父母不给他们自由生活的空间。某中学一位女生说："我的爸爸妈妈在家里什么也不允许我干，洗衣、煮饭、整理内务，连我自己的内裤、袜子都不让洗，有时妈妈直不起腰来，也不让我插手帮她一把。可是，遇到我考得不好的时候，妈妈又要对我诉说一大串劳累的痛苦，好像她这一辈子的倒霉都是由我引起的，我总觉得自己比杨白劳和喜儿的日子还不好过"。

②无节制地满足。

现在孩子少，家长把他当成宝贝，只要孩子想要的，就想法满足他。这种被惯坏了的孩子，根本就不知道考虑别人的感受和需要，自私自利、自我中心。比如，两个幼儿在一起玩，其中一个看见另一个手里的玩具比自己的大，就非要抢过来不可，这时当妈妈的就应制止他，使他理解需要的满足要在一定的"规范"与"限度"内，如果不这样，孩子很可能变得贪得无厌。

③无边际的许诺。

当孩子的需要暂时无法满足时，面对又哭又闹的孩子，有的家长就开始无边际的许诺。"孩子要月亮"，家长也许他半个。家长的诺言，根本就实现不了，孩子都学会了说话不算数，学会了撒谎和不守信用。比如：有的孩子和爸爸妈妈闹别扭，爷爷奶奶就给他争理，并许诺说："乖孙子听话，你听话，我来教育你爸爸妈妈"。

④无原则的让步。

很多独生子女，当需要得不到满足时，就哭闹不止，撒泼打滚，有的还以自伤相威胁，家长只好让步，还向孩子赔礼道歉，做出种种承诺。孩子发现，这些招法很管用，就会故伎重演。比如，有的孩子不小心把脑袋撞在桌子上，疼得哇哇大哭，家长就拍打几下桌子："都是桌子不好，妈妈没把他放好"，以此来平息孩子的怒气。连自然事物都要向孩子低头、让步，孩子长大后，面临挫折只好怨天尤人了。

⑤无分寸的褒贬。

家长对孩子的批评有很重要的导向作用，而很多家长在批评孩子时却不注意把握分寸。一高兴就把孩子捧上天，不高兴，就贬入地。一个二年级的男孩的家长说，他的孩子语文打100分，数学打60分，这样差的成绩，将来怎么当工程师呀，父亲这样给孩子贴标签，肯定会对孩子产生很大影响，所以对孩子要就事论事，不要无分寸的褒贬，对孩子发展不利，家长一定要注意。

⑥无休止的唠叨。

在调查中，很多孩子都反映："我妈妈贫嘴，我爸爸也这样，我做错一件事，他们就数落个没完没了，简直烦死了"。实际上，这种"苦口婆心"的教育根本不顶用，孩子根本就不往心里去，家长爱怎么唠叨就怎么唠叨，我全当耳旁风好了。

第二讲 心理健康教育

教育好子女,最重要的是让子女有一个健康的心理,因此,班主任在指导家长教育子女时,必须把心理教育放在首位,让孩子具备承受压力和挫折的能力。

心理健康是指个体心理在自身及环境条件许可的范围内,所能达到的最佳功能状态。也就是说,一个人在任何状况下,他的心理功能都保持在一种积极的状态。

心理健康的主要标准有以下几条:

①心态正常,乐于学习和工作。

②情绪稳定,稳定的情绪能使心境持久地处于轻松和快乐的状态。

③人际关系和谐,能与所接触的人,无论是家人、亲戚、街坊邻居、老师同学、领导同事等,都能保持良好的和谐的人际关系。

④正确认识自己,能正确评价自己,对自己有全面的了解。

⑤人格健全,人格完整,生理年龄与生理成熟程度相一致。

⑥能积极地适应和改造现实环境,具有良好的社会适应能力。

我们进行心理健康教育就是有目的培养受教育者良好的心理素质,调节心理机能,开发心理潜能,进而促进其德、智、体、美等素质的提高和个体的和谐发展。

下面就心态的调整，情绪的掌控，爱心的奉献三个方面来讲。

一、心态的调整

（一）心态决定一生

心态的好坏，会直接影响到个人能力的发挥和行动的结果，并进一步决定一个人一生的命运。我们选择什么样的心态，就会有什么样的人生。要知道，决定你一生的成败的关键因素就是心态。试想一下，如果你连自己事业不顺心、生活不如意的根本症结都搞不清楚，你还能奢望得到成功的事业和美满的生活吗？

人的一生，在和世间万事万物打交道的过程中，充满了太多的变化，如何改变，让自己变得更好更强大，这就要从自身所具备的条件出发，而自身条件的形成，是进步发展的基础，只有奠定这个基础，我们才能真正成为具有个性的、快乐并强大的人。

在这个世界上，没有卑微的人，只要我们自己不轻看自己，任何人都不会影响你的一生。"王侯将相，宁有种乎"，有谁，生来就注定是达官贵人的命呢？又有谁，从一开始就大富大贵呢？出身光荣，那是你的幸运，出身贫苦，那是你的命运。哥白尼是一位面包师的儿子，开普勒出身于德国一个小旅馆老板的家庭，拉普拉斯的父亲是一位贫穷的农民。我们无法选择自己的出身，但是我们可以选择活得有尊严。每个人都有它与众不同的优点，如果我们不想让自身的优点被埋没，如果我们想变得更加非凡卓越，就要相信自己，只要我们肯付出努力，我们就一定可以成功。其实，我们每个人都怀揣着自己尚未知晓尚未辨认的天赋。关键在于你持有怎样的心态，世界上没有卑微的出身，只有卑微的心态。机会永远都是公平的，但是否能抓

住，就取决于个人的心态。我们生存的环境，就像一个庞大的竞技场，输赢全在我们自己。作为个人，你要么是卓越的狮子，要么是平庸的羚羊，成为狮子或者羚羊完全取决于你的心态。

在这个世界上，成功卓越的少，失败的平庸的多。成功的卓越者活得充实，自在潇洒。失败的平庸者过得空虚、艰难、猥琐。造成这种现象主要是心态导致他们不同的人生。

中国有句俗话："种豆得豆，种瓜得瓜。"因此你播下什么样的种子，它就会结出什么样的果实。工作如此，事业如此，生活如此，人生如此，这是人间一条铁律，无人能例外。

悲观的人爱说："人生从来都不会在我们掌控中，命运是上帝的安排"，在这种消极态度影响下，他们就渐渐地对事业失去了信心，因为觉得无论多么努力都是徒劳，只能是"为他人做嫁衣裳"。

乐观的人相信："人生之事，不如意十之八九，也还会常想"一二"。他们是一群自信而积极的人，他们相信可以通过自己努力来改变自己的命运。诚如李敖所言："怕苦，苦一辈子；不怕苦，苦半辈子"。是什么让有些人的工作一团糟，而另一些人却平步青云，事业有成呢？答案是心态。

一个人具有什么样的心态，它就可以成为一个什么样的人，它就能够拥有一个什么样的人生，如果你不满意自己的现状，想改变它，那么首先应该改变的是你自己，如果你有了积极的心态，能够积极乐观地改善自己的环境和命运，那么你所有的问题都会迎刃而解。

（二）积极心态与消极心态

在这个世界上，两种不同的人造就了两种不同的心态。一个乐观的人，注定了他的积极心态，而悲观的人，则不可避免地陷入了消极心态中。面对生活，悲观的人看到的总是失望，失望越多了，他们便是绝望；相反，乐观

的人却总是能从失望中得到积极的提示，从绝望中，找到最后一线希望。原来，悲观和乐观都是种子，只不过悲观的果实叫无奈，乐观的果实叫甘甜而已。

积极的心态是迈向成功不可缺少的要素，它是成功的前提条件。人一旦将积极的心态运用到任何事业上，都会有意想不到的收获。塑造阳光心态，坦然地面对一切，生命才会更自然，生活才会更轻松，更洒脱，才能真正享受人生的快乐。

悲观者实际上是以自己悲观消极的想法看待客观世界，在悲观者心中，现实是或多或少被丑化了的。现在社会上许多人，对未来生活，常常持有一种悲观的迷茫的心理；对自己的过去，不管有无成败，不管有无辉煌，都一概加以否定。心理上充满了自责和痛苦，嘴上有说不完的遗憾；对未来缺乏信心，一片迷茫，以为自己一无是处，什么事都干不好，认知上否定自己的优势与能力，无限放大自己的缺陷。

但是我们要看到心态能够产生巨大的力量。如果用积极心态去面对生活，你所看到的就会是充满希望的人生。你就会拥有排出一切艰难的巨大力量，进而向成功迈进；相反，如果面对生活的不如意，你就开始悲观消极，凡是若不从好的方面去想，往往可能还没有去做某件事，就失去了信心，其结果十有八九会朝着不利方向发展。

任何事情都一样，有不好的一面，自然就会有好的一面，我们选择什么样的态度，事态就会往哪个方面发展。所以，我们在做事之前一定要对事态作全面分析，选择对自己有利的态度，将会给我们的成功带来事半功倍的效果。

现代人越来越容易感染悲观情绪，看不到漫天的云彩，而只会一味地担心天会下雨；看不到拳击手被击倒后爬起来的顽强，而只能为他的伤痕

累累而心惊。对于这种人一个很小的打击也可使他绝望,令他一败涂地。如果你不满意自己的环境,想力求改变,则首先应该改变自己的心态;如果一个人有积极的心态,那么他所有的问题都迎刃而解。积极的心态是能让一个人充满自信,受人喜欢,知足常乐,倍感幸福,更主要的是它还能让人改变自我,改变世界。

有两个见解不同的人在争论三个问题。

第一个问题:希望是什么?悲观者说:是地平线,就算看到也永远走不到头。乐观者说:是启明星,能告诉我们曙光就在前头。

第二个问题:风是什么?悲观者说:是浪的帮凶,能把你埋葬在大海深处。乐观者说:风是帆的伙伴,能把你送到胜利的彼岸。

第三个问题:生命是不是花?悲观者说:是又怎样,凋谢了也就没了。乐观者说:不,它能留下甘甜的果实。

突然,天上传来了上帝的声音,也问了三个问题。

第一个:一直向前走,会怎样?悲观者说:会碰到坑坑洼洼。乐观者说:会看到柳暗花明。

第二个:春雨好不好?悲观者说:不好,野草会长得更疯!乐观者说:好,百花会因此开得更艳。

第三个:如果给你一片荒山,你会怎样?悲观者说:修一座坟茔,乐观者说:种满山绿树!于是上帝分别给了他们一份礼物,给了乐观者成功,给了悲观者失败。

决定一个人心情的,不在于环境,而在于心境。因此,一个人与其说是自己的命运的主人,还不如说是自己心态的主人。

(三)培养乐观心态

我们所处的是一个竞争激烈的社会,在这样一个生存环境中,保持乐

观的心理状态，积极面对困境，而不是逃避问题，怨天尤人，对我们来说，是至关重要的。但是，在现实生活中，能够以乐观的心态和行为面对挫折和挑战，实施起来并不容易。我们可以看到周围有不少人，他们或因工作、事业遭遇挫折而苦恼抱怨，或因家庭、婚姻关系不和睦而心灰意冷，甚至还会有人因遭受严重打击而产生轻生念头，在这些困难面前，一个人的生命似乎总是那么脆弱和无力。

其实，在我们生活中，或多或少都会遇到一些不如意的事情，关键是看我们采取怎样的态度面对。一个人在心理状况最糟糕的状态下不是走向崩溃就是走向希望和光明。有些人之所以有着不如意的遭遇，很大程度上是由于他们个人的主观意识在起着决定性作用，他们选择了逃避，而事实上逃避根本解决不了任何问题。如果我们能够善待自己，接纳自己，并不断克服自身的缺陷，克服逃避心理，那么我们就能坦然乐观地面对生活，拥有更为完善的人生。

乐观的心态可以成就一个人，悲观的心态可以毁灭一个人。我们不能成为悲观的奴隶，而要成为乐观的勇士。在现实生活中，我们经常发现这样的现象，当我们碰到一件事情，如果我们充满乐观与热情，这个事情就会向好的方向发展。而一旦我们觉得悲观失望，尽往坏处想，事情就会越变越糟糕。

我们每一天都是崭新的。睁开眼睛，开始新的生活，重新来到这个世界，开心地过一天，还是悲观地过一天，这是我们自己的权利，可以自己决定。

一个人如果调整好了自己的心态，不但可以轻松地做好自己的事业，而且可以去点燃、感染和激励别人。所以我们要学好的，说好的，做好的，鼓励别人看到事业好的一面。比如说有人丢了东西，你可以说："丢财免灾"，

做事失败了，你可以说："失败了也是好事，下次不能犯同样的错误，你又多了一个成功的机会"。我们在传达正面想法的时候，一定要对自己有信心，不要说我们这个不行那个不好，我没有这个能力的话。因为这本身就是一种悲观心理。其实，我们每个人天生就是推销员，倾尽一生都在推销自己。积极与乐观，悲观与失望，都可能成为我们手里的产品，就等于是在为自己选择一个什么样的人生态度。如果你是一个积极乐观的，那么你推销的产品就是快乐，这份快乐不仅是属于你的，还可以感染、惠及更多的人。在这个世界上，有许多事情是我们所难以预料的。我们不能控制际遇，却可以掌握自己，我们无法预知未来，却可以把握现在，我们不知道自己的生命到底有多长，但我们可以调整自己的心情。只要活着，就有希望。只要每天给自己一个希望，我们的人生就一定不会失色。每天给自己一个希望，就是给自己一个目标，给自己一点信心。希望是什么？是引爆生命潜能的导火索，是激发生命激情的催化剂。每天给自己一个希望，我们将活得生机勃勃，激昂澎湃，哪里还有时间去叹息，去悲哀，将生命浪费在一些无聊的小事上？生命是有限的，但希望是无限的，只要我们不忘每天给自己一个希望，我们就一定能够拥有一个幸福多彩的人生。学着做一个乐观的人，任何时候都不要对生活失望。乐观的人遇到挫折，总会把它变成一个转折。而乐观并不等于不切实际的幻想，也不意味着否定问题的存在，或逃避直面痛苦的责任。它是一种思维方式，也是一种面对挑战的态度。乐观可以使我们看到：未来是有希望的，它促使我们说："我能"，而不是"我不能"。

用乐观的态度对待人生，可看到"青草池塘处处蛙""百鸟枝头唱春山"，用悲观的态度对待人生，举目只是"黄梅时节家家雨"低眉即听"风过芭蕉雨滴残"。譬如打开窗户看夜空，有的人看到星光璀璨，夜空明媚，有的人看到黑暗一片。一个心态正常的人，可在茫茫的夜空中看到星光的

灿烂，增强自己对生活的信心，一个心态不正常的人，让黑暗埋葬了自己，且越陷越深。

我们要用乐观的心态去奏响生命的篇章，不要抱怨上帝给予太多磨难。想想狂风暴雨之后才有彩虹；想想蚕要经历怎样的痛苦才能破茧成蝶；不要让悲观的性格缺陷阻碍你前进的脚步，我们需要记住，梦想的大门是不会向悲观绝望的人敞开的，只要我们积极面对，从悲观的阴影中走出来，我们就一定可以寻找到实现梦想的有效办法。乐观的面对吧，你会发现成功就在不远处。

（四）培养务实心态

著名哲学家尼采曾说过："一棵树要长得更高更壮，那么它的根就必须扎得更深"。正像树一样，一个人要想成功，就得把志向放在高处，把根深扎在土地中，踏踏实实，认认真真地通过具体的行动去实现自己的远大志向。

现实中很多人，他们一心想找到高薪和好的发展机会，看不上一些太普通的职位，因此总是高不成，低不就。从辩证的角度上来看，低是高的铺垫，高是低的目标，只有"低就"，才能"高成"，如果研究一些有着显赫成功经历的人生，你就会发现，他们中的很多人一开始并不是这么风光的，他们和普通人一样，也曾有过艰难曲折的"爬行"经历，然而不同的是，他们往往能找到自己的定位，端正心态，不妄自菲薄，不怨天尤人，他们能够忍受这段"低微卑贱"的经历，并在低微中养精蓄锐，奋发图强。所以，最终他们才能登上人生的顶峰。

但很多时候，人们总是会对自己的能力做出超额的评估，认为自己的能力强，眼光独到，一定可以做一番大事业来。当然，我们不能说这样的人就一定不行，有自信固然是好事，但是自信也要建立在坚实的基础条件上，要

清楚自己的能力，然后再量力而行，而不是盲目的往前走，跌入深渊而不自知。对自己的能力评估过高，对别人的能力评估过低，自然产生自大心理。自大的人往往好大喜功，取得一点小小的成绩就认为自己了不起，成功时完全归因于自己的主观努力，失败时则完全归咎于客观条件的不合作，过分的以自我为中心，这其实是一种自欺欺人的行为，是对自己的不诚实地表现。

要全面地认识自我，既要看到自己的优点和长处，又要看到自己的缺点和不足，不可一叶障目，不见泰山，抓住一点不放，未免失之偏颇。认识自我不能孤立地评价，应该放到社会上去考察，每个人生活在世上都有自己独到之处，都有他人所不及的地方，同时又有不如人的地方，与人比较不能总拿自己的长处来比别人的不足，把别人看得一无是处。

认清自我，还要以发展的眼光看待自我。既要看到自己的过去，又要看到自己的现在和将来，辉煌的过去可能标志着你过去是个英雄，但它并不代表现在，更不预示着将来。跳出夸张的自我意识，不要让不切实际的想法遮蔽住自己的眼睛，用务实的心态面对自己，面对世界，给自己一份诚信，你就可以看得更高。

没有实际意义的想法，或者是只有想法而不付诸行动的人，都属于"空想主义者"。试想一下，如果没有工人的艰苦工作，那么设计师的蓝图也不过是一张废纸而已，由此可见，务实有多么重要。只有行动才能赋予生命的力量。一个人如果在一扇门外站得太久，就会在想象中无限放大房间内的困难，最后再也没有力气抬起敲门的手。事实上，最好的方法是推门就进，不给自己犹豫、彷徨的机会。不管怎样，先进去再说。

一只鸟的翅膀再大，如果不努力振动，又怎能展翅高飞呢？一个人的才能再高，如果不努力拼搏，又怎么能走向成功呢？一个国家的物产再丰富，

如果不努力发展，又怎么屹立于世界民族之林呢？这一切都说明：务实进取胜于空想。

"务实进取"不是一个抽象空洞的词语，它需要你用坚定的信念，顽强拼搏的精神与必胜的信心来实现。

为什么同样的环境和条件，差不多的基础，有的人进步明显，两三年就成了公司的骨干，而有的人却频繁跳槽，应聘的工作单位一个接一个，能力却没有太大的提高？这其中的差别主要就在心态上。

真正进取心是要体现在脚踏实地上，离开了脚踏实地的精神，进取心就成了一句空话。只有务实的人才能够在成功的路上走得更远。一个人即使是名校毕业，学识渊博和能力很强，如果不能安于岗位，为企业创造价值，也很难在事业上有所成就。对于那些不能安下心来的高学历人才来说，显赫的学历反而成了成功路上的绊脚石。同等条件下，安静的人比浮躁的人在人生和事业上走得更远。

小事情做不好，大事情也不会成功。成功不一定是做大事情，毋庸置疑，想成就一番事业，必须从小事情做起，从细微之处入手。生活中有很多人总觉得自己可以做一番惊天动地的大事业，那些细项小事不应该去理会。但是这些人似乎忘记了一点，聚沙成塔，积水成渊的道理。很多叱咤风云的人物，当年都是从简单的小事开始做起的。而他们与我们不同的只是面对小事的态度，在他们看来，他们所做的事并非小事。

古语有云："不积小流，无以成江海；不积跬步，无以至千里"。从中我们体会到，成功源于小事的积累，小事不小，需要我们高度重视。

做好小事是获得成功的基础。人不可以一步登天，再高的大厦，也是由一块块小砖头垒砌而成。再大的伟业也得从一点一滴的小事做起，只有把小事做好了，才有可能做大事。

在这物欲横流的社会,市场经济冲击下的人们,大都急功近利,总幻想着不劳而获或者少劳多获,殊不知这种心态的危害是很大的,它不仅会阻碍人们的成功,更甚者会为此付出惨重的代价。

一个人要想成就一番事业,就必须克服各种消极因素的影响。特别是在当今这个大变革,大发展的时代,新事物,新情况,新问题层出不穷,影响人们的因素明显增多。越是环境和条件复杂,越能突显专注对于成功的重要性。从更深刻的涵义讲,专注乃是一种精神,一种境界。"把每一件事做得更好","咬定青山不放松,不达目的不罢休",就是这种精神和境界的反映。一个专注的人,往往能够把自己的实践、精力和智慧凝聚到所要干的事业上,从而最大限度地发挥积极性,主动性和创造性,努力实现自己的目标。特别是遇到诱惑,遭受挫折的时候,他们能够不为所动,勇往直前,直到最后成功。

(五)培养独立心态

我们要清醒地面对自己,对于想成大事者而言,拒绝依赖他人是对自己能力的一大考验。而依附于别人,就是把命运交给别人,放弃做大事的主动权。

摆脱一切依赖,就多了一份自主,也就向自由的生活前进了一步,向成功的目标迈进了一步。因此,要成为生命的强者,我们就要摆脱依赖的心理,一切靠自己,用独立与坚强的臂膀为自己建造幸福的家园。

依赖心理是日常生活中较为常见的一种心理表现,其主要特征是在自主、自信、自立方面发展不成熟,过分依赖他人,经常需要他人的帮助和指导,遇事往往犹豫不决,缺乏自信,很难单独进行自己的计划或做自己的事,总是依赖他人为自己作出决策或指出方向。

产生依赖心理的主要原因有两个方面:

1. 教育不当引起的心理依赖。

现在的年轻人，普遍都有依赖心理。他们从小受到父母的骄纵管养，自己生活的一切均由父母包揽，生活中从没有为自己的事情考虑过，他们习惯了让父母帮自己做选择，久而久之，就养成了做事靠父母的依赖心理，缺乏独立生活和处理问题的能力。

2. 自卑衍生出来的心理依赖。

有的青年人有较严重的自卑心理，他们对自己缺乏信心，认为自己不如他人，如知识缺乏，能力不强，笨嘴拙舌，因此他们在日常交往中，不自觉地就会把自己放在配角的位置上，心甘情愿地受他人的摆布。

依赖他人得以生存的人，是可悲的。我们要清醒地认识到依赖心理给我们的人生造成了巨大的危害，要知道，依赖心理就像是毒品一样，它会让人上瘾，一直无法摆脱，渐渐失去了自主能力。一个人要想获得成功，首先要有独立人格，能够把握自己，做自己的主人。

一个人要在事业上有所作为，首先要正确认识自己，对自己采取接纳的态度。生活中的每一个人都有优点，也都有弱点。有的人发现了自己的缺点和弱点，就当成包袱背起来，老是压在心头，连自己的优点和长处也看不到了。于是，自己的精神优势被自己的弱点和缺陷所压垮；自身的潜在能力与智慧被自己的弱点与拒绝所泯灭，从而为自己设置了障碍。事实上，许多事情别人能做到，自己也一定能做到，关键在于应该充分、准确、客观地认识自己。要做到这一点，则必须首先在心理上接纳自己。

每个人都需要别人的帮助，但是接受他人的帮助必须发挥自己的主观能动性。征求他人的意见，但必须把握一点，他人的意见仅供参考，一旦从对他人的依赖关系中解脱出来，自己就会有一种踏实的感觉，感到了自己的力量。享受了自主，自主给自己带来了好处，那么，依赖心理也就无立锥之

地了。

德国诗人歌德曾说过："谁若不能主宰自己，谁就永远是个奴隶"。独立自主的人格，是克服依赖心理的重要保证。

亨利·詹姆森说过："如果一个人不能自立，那么他将永远匍匐在别人的脚下，他将永远与成功无缘"。这话很有道理。依赖心理使人失去自主、自信、自强的意识，因此，要力戒依赖，培养自主意识。在生活中，会遇到各种各样的事情，不要没有主意时就去请教他人，要学会自己独立思考。

依赖心理的形成是一个长期过程，是许多因素相互作用的结果。它是一种消极的心理状态，影响个人独立人格的完善，制约人的自主性，积极性和创造力。要克服自己的依赖心理，也并非朝夕之事，而要多角度，长时间去攻克它。

真实人生的风风雨雨，只有靠自己去体会，去感受，任何人都不能为你提供永久的荫庇。你应该掌握前进的方向，把握住目标，让目标似灯塔般在高远处闪光；你应该独立思考，有自己的主见，懂得自己解决问题。你不应相信有什么救世主，也不应信奉什么神仙皇帝，你的品格，你的作为，你的所有一切都是你自己行为的产物，并不能靠其他什么东西来改变。

从另一个角度来看，独立、自主、自强、自立是衡量一个人心理成熟水平的重要标志。许多人习惯于依赖他人，而忘记了向自己求助。要知道，一个人最应该依靠的只有自己，最应该相信的也是自己。每个人都是应该是自主地，然而真能充分发展自己独立能力的人却很少。依赖他人，按照他人的想法去做事，自然要比自己动脑筋轻松得多。但是若事事有人替我们想，替我们做，必定有害于我们事业的成功，也不利于我们的成长。要使我们的力量和才能获得发展，主要靠自己。一个能抛弃凭借，放弃外援，主要依靠自己努力的人，才能得到真正的胜利。

生活中，懒惰和依赖会使我们的人生充满悲剧，会使人缺乏独立自主的能力和精神，甚至丧失人格；贪图享受的人，也是不可能在社会生活中自主的。只有自强、自立，才能创造出美好的未来，只有自强、自立，才能让我们战胜自己的命运。

你就是主宰一切的神灵，一个人，即使驾着的是一匹羸弱的老马，但只要马缰掌握在你的手里，你就不会陷入人生的泥潭。人只有独立才能逐步走向自主、自强；想要依靠别人来获得幸福是不现实的，那只能使你的前途一片暗淡；路再远，再险，只要自己去走，勇敢地披荆斩棘，就一定能走到目的地。

命运厚爱有独立能力的人，要适应这个日新月异的社会，就要不断努力，要成为强者。挪威的易卜生曾说过："世界上最坚强的人就是独立的人"。天行健，君子当以自强不息，物竞天择，适者生存，自强自立才是我们自己的生存之路。

（六）培养空杯心态

古时候一位佛学造诣很深的人，听说某个寺庙里有个德高望重的老禅师，便去拜访。老禅师的徒弟接待他时，他态度傲慢，心想：我是佛学造诣很深的人，你算老几？后来老禅师十分恭敬地接待了他，并为他沏茶。可在倒茶时，明明杯子已经满了，老禅师还是不停地倒。他不解地问："大师，为什么杯子已经满了，还要往里倒？"禅师说，既然你已经很有学问了，干吗还要到我这里来求教？这就是"空杯心态"的起源。意指做事的前提是先要有好心态。如果想学到更多学问，先要把自己想象成"一个空着的杯子"，而不是骄傲自满。

当然"空杯心态"并不是一味否定过去，而是要怀着否定或者说放空过去的一种态度。去融入新的环境，对待新的工作，新的事物。人们生来原

本是站在同一条起跑线上的，可为什么到达目的地不同，所达到的高度也不同？为什么有的功成名就，有的却一事无成？追根问底，最根本的原因在于，前者总是会给自己"留一些空余"来虚心接纳自身缺乏的东西，而后者却自我满足，自以为是，最终因故步自封，自己淘汰了自己。

人生旅行，就是汲取各种养分，滋养生命的过程。如果带太多的自满上路，就像那个装满水的杯子，再也容不得半点水进入，这将是人生最大的悲哀。在人生的旅途中，每一个即将上路的年轻人，一定要牢记，不论什么时候，都要给自己留一些"空杯子"虚心求教，学无止境，心有空余，才能容物。

我们常说"成功源于自我分析"、"失败是成功之母"、"检讨是成功之父"，都是在说明一件事：自我反省，自我分析，自我检讨与成功有莫大关系。人非圣贤，孰能无错。人生允许出现错误，但不能在同一个地方摔倒两次，人的一生如果充满着重复的错误，那么他的结果就无法正确。犯错不可怕，可怕的是不知道错在哪里？

空杯心态是成功路上必备的一种心态，而一个成功的人往往是一个懂得自我反省，懂得自我分析的人。

自我反省能让自己知道明天应该做什么，应该如何去做，可以让自己不再盲目地生活。在反省自身的生活中，不仅要看到正面，还要看到反面，既要看到成功，也要看到失败。我们常说"失败是成功之母"，失败往往是比成功更好的老师。从失败中，我们可以意识到自身的缺失，我们既要能享受成功的喜悦，又要能承受失败的痛苦。

海涅说得好："反省是一面镜子，它能将我们的错误清清楚楚地照出来，使我们有改正的机会。"

人生没有永远的成功，只有永远的前进。在成功面前，要心态归零，时

刻警惕自己,正确认识成功与失败。只有归零,才能收获更多的喜悦。

一个杯子若装满了水,稍一晃动,水便溢了出来。一个人若心里装满了骄傲,便再也容纳不了新知识、新经验和别人的忠告了。长此以往,事业或者止步不前,或者受挫。古人云:"满招损,谦受益。"许多人对于谦虚这种品质不以为然,事实上,谦虚是一种积极高尚的品质,如果妥善运用,能够使人类在精神上,文化上或物质上不断地提升进步。真正的谦虚,是对自己毫无成见,思想完全解放,不受任何束缚,对一切事物都能做到具体问题具体分析,采取实事求是的态度,正确对待;对于来自任何方面的意见,都能听得进去,并加以考虑。这样的人能做到在成绩面前不居功,不重名利;在困难面前敢于迎难而上,主动进取,他们的谦虚并不是卑己尊人,而是既自尊,也尊人。

关于谦虚处事,俄国的列夫·托尔斯泰做了一个很有意义的比方:"一个人就好像是一个分数,他的实际才能好比分子,而他对自己的评价好比分母,分母越大,则分数值越小"。

人生有涯,而知识无涯。不管你多有才能,你曾经有多么辉煌的成绩,如果你一味沉溺在对昔日表现的自满当中,学习便会受到阻碍。要是没有终生学习的归零心态,不断追寻各个领域的新知识,不断开发自己的创造力,你终将丧失自己的生存能力。因为,一旦拒绝学习,就会迅速贬值,所谓"不进则退",转眼之间就会被抛在后面,被时代淘汰。

人生有空余,才会装下更多,生活因为扫除了复杂,才得以活得快乐。

杯子清空了,才能再装水;计算机归零了,才能进行新的计算。

(七)培养包容心态

包容是一种人生的美德。真正的包容,既包容清净,也包容污秽;包容爱,也包容恨;包容善良,也包容邪恶。每个人都有可取的一面,也有不足

的地方。与人相处，如果总是苛求十全十美，那么你永远也交不到真心的朋友。

凡是成大事者，都有广阔的胸怀，他们在与人相处的时候，不会计较别人的短处，而是以一个平常心看待别人的长处，从中看到别人的优点，弥补自己的不足。如果眼睛只能看别人的短处，那么这个人的眼里就只有不好和缺陷，而看不到别人美好的一面。生活中，每一个都可能跟别人发生矛盾。如果一味地跟别人计较，就可能浪费自己很多精力。与其把自己的时间浪费在一些鸡毛蒜皮的小事上，不如放开胸怀，给别人一次机会，也可能让自己有更多的精力去做更多的有意义的事情。

当我们将手中的鲜花送与别人时，自己已经闻到了鲜花的芳香；当我们要把泥巴甩向其他人的时候，自己的手已经被污泥染脏。不嗔怒，不暴躁，不患得患失，不受尘俗牵挂，超然洒脱，才能达到高深的修持境界，获得真正的智慧。

包容是一笔巨额的财富，是至善人性达到的一种境界，人生道路漫长而坎坷，难免在某个时候与他人结下矛盾，甚至仇恨。但是，要明白一旦种下仇恨，困在仇恨中的有自己，还有对方，于己于人都有弊而无利。活在仇恨里的人是愚蠢的。你在憎恨别人时，心里总是愤愤不平，希望别人遇到不幸、惩罚，却又往往不能如愿，失望、莫名的烦恼之后，你便失去了往日那轻松的心境和欢乐的情绪，从而心理失衡；另一方面，在憎恨别人时，由于疏远别人，只看到别人的短处，在语言上贬低别人，在行动上敌视别人，结果使人际关系越来越僵，以致树敌为仇。我们不能抱着"以眼还眼，以牙还牙"的心态去面对一切，正所谓"冤冤相报何时了"，只有宽容才能化解世间的仇恨，只有宽容才是慰藉心灵的良药。不仅如此，宽容还是一种智慧，宽容是高度的智慧和高度的自我克制。能宽容别人的人，不只是给别

人一次机会，同时也是给自己一次机会，收获快乐的机会。心中充满怨恨的人，会感觉整个世界都是与他对立的。必定无法快乐，而如果以宽容面对，这种对立感自然便会消失，取而代之的就是友好与快乐。

下边这个故事，对我们有很大启发。

【案例】

一次，楚庄王夜宴群臣，让大家不分君臣落座，正当大家饮酒尽兴之际，一阵风吹来，把灯火熄灭，顿时全场一片漆黑，伸手不见五指。这时，有一个人趁天黑之机，调戏楚庄王的爱姬，爱姬十分机智地扯下了这人的冠缨，并去告诉楚庄王说："请大王把灯火点燃，只要看清谁的冠缨断了，就可以查证谁是调戏我的人"。

群臣乱成一团，以为定会有人丧命，可是出人意料的是，楚庄王却宣布："请大家在点灯之前都扯下自己的冠缨，谁不扯断冠缨，谁就要受罚"。灯火再燃起，群臣都已经拔去了冠缨，自然无法查出那个调戏爱姬的人，大家都舒了一口气，又高兴地娱乐起来。

两年以后，晋军攻打楚国，有一名将军勇往直前，杀敌无数，立了大功。楚庄王召见他，赞扬他说："这次打仗，多亏了你奋勇杀敌，才能打败晋军。"这个将领泪流满面地说："臣就是两年前在酒宴中调戏大王爱姬的人，当时大王能够重视臣的名誉，宽容臣的过错，不处罚臣，还给臣解围，这使臣感激不尽，从那以后，臣就决心效忠大王，等待机会为大王效命。"

楚庄王无意间的宽容换来了一位誓死效忠的大臣，这可以说是个意外收获。

善待别人就是善待自己，你希望别人善待自己，就要善待别人，要将心比心，多给别人一些关怀、包容和理解。人总是喜欢和宽容厚道的人交朋友的，正所谓"宽则得众"。在交往中，我们对他人的要求不能太过分，不能强求于人，能

让人时且让人，能容人处且容人。

生活中我们常常听到这样的话："忍一时风平浪静，退一步海阔天空"。好像宽容就是一味的忍让或退却，可是仔细想来，在给予别人忍让和退却的同时，人们留给自己的却是风平浪静和海阔天空。当你善待他人的时候，你首先就说服了自己。没有不甘、不愿、不满的纠缠，只有通达、明透和澄澈的祝福。其实，宽容别人就是善待自己。

狭隘的人习惯用一层厚厚的壳把自己严严实实地包起来，兀自活在自己的小世界里，久而久之，他们就会变得很冷漠与无情。

【案例】

◆ 庞涓是个狭隘者，他不能忍受孙膑比他强，想方设法让魏国对孙膑施以膑刑，后来他与孙膑作战时，兵败桂陵；周瑜也是一个狭隘着，他不能忍受诸葛亮比他强，机谋用尽，却被诸葛亮三气攻心，吐血而亡。他们最后落得这样悲惨下场，都是被狭隘之心所害。

◆ 刘秀打败王朗，攻入邯郸，检点六朝公文时发现大量讨好王朗、羞辱甚至谋划刺杀刘秀的公文。但刘秀不听群臣劝阻，全部付之一炬，他说："如果追查，必会引起人们的恐慌，甚至成为我们的死敌。如果宽容他们，则能化敌为友，壮大自己的队伍。"刘秀的宽容使他终成帝业，统一全国。从古至今，没有一个心胸狭隘者能成就大事，宽容是每个人应遵循的法则。

法国文学大师雨果曾经说过："世界上最宽阔的是海洋，比海洋宽阔的是天空，比天空宽阔的是人的胸怀。"

在生活中，每天都有琐碎的事情发生。如果对待每一个事情，我们都那么在意，那么很可能我们的生活就被这些小事情给拖垮了。适当的放开胸怀，给自己一片天空，不要以为整个世界都是你的，而你的目光也只能看到一块属于你自己的土地。把目光放远，学会淡化，这样你就会少了很多压力。身边的每一件事

情都是你幸福的源泉，只要你敞开心扉，用包容之心对待，随手抓住的都会是快乐。

我们的心就像是一个容器，而它的"容量"可以决定我们生活的浓淡，容量越大，烦恼越小；容量越小，烦恼越大。容量小的人，心中挤满了这些容不得、忍不得、受不得的事，于是世间在他们心中就很狭小。而那些容量宽广的人，容得、忍得、受得所有不快的人和不快的事。

匆匆百年红尘，人生不如意的事常八九。面对挫折、苦难，是否能保持一份豁达的胸怀，是否能保持一种积极向上的人生态度，需要博大的胸襟与非凡的气度。包容是一门精深的艺术，只有领略到其中的滋味，行包容他人之举，真正拥有宽广胸怀，淡定坦然，才能活出真正的人生。

二、情绪的掌控

(一)情绪的影响

做一个成功者，一定要有能力，但比能力更重要的是心理素质。稳定的情绪、良好的心态，会使人遇到"惊涛骇浪"时镇定自若，遇到人际关系纠纷时游刃有余。控制好个人情绪，不让坏心情影响思考力，善于转移坏情绪，不被他人糟糕的情绪所左右，懂得排遣焦虑和抑郁，拥有坚定的自信心，你就是一个高尚的人。

情绪是一种能量。情绪波动时，人的思想意识就会发生改变，说话做事都被一种无形的力量所控制，人在这个时候，会有些不知所措，身不由已。于是，便因情绪冲动做出错事或做出于已不利的决定，待情绪平静时已追悔莫及。

情绪，和人的灵魂一样，与人共存在。它时刻伴随着人的一生，所以我

们必须正确的对待它，掌控它、认识它。我们必须重视情绪的存在，懂得它是如何影响人的思想意识和行为。积极应对情绪的变化，把事业成功，生活幸福的密码掌握在自己手中。

情绪分为两大方面，一种是有益于身心健康的良性情绪，也就是我们常说的正面情绪。正面情绪会引起人们肯定的态度，并产生愉快、积极的情绪。这种情绪对人体的生命活动起到良好的作用，如快乐、高兴、满足等。另一种是有损于身心健康的不良情绪，也就是我们常说的负面情绪。负面情绪会引起人们否定的态度，并产生不愉快的、消极的情绪，如愤怒、焦虑、忧郁、嫉妒等。这种情绪会对人体的健康产生十分不利的影响，它会使人失去心理上的平衡，出现神经紧张。负面情绪是吞噬健康、阻碍成功的"恶魔"，长期或过度的神经紧张，常常会引起人们心理和生理的病变。

我们在生活和工作中，会遇到许多引发坏情绪的事情，比如同事合作不愉快，挨老师批评，和朋友闹别扭等，这些都是客观存在的坏情绪的导火线。虽然我们在尽力避免这些不愉快的事情的发生，但它们就像疾病一样防不胜防。当我们意识到自己存在不良情绪时，我们必须要客观、科学地看待它，从而寻找到根源，彻底控制它。然而令人遗憾的是，坏情绪来临时，我们甚至都不知道怎么回事，就已经把自己或者别人给伤害了。因此掌握情绪控制的技巧对于工作和生活都是非常重要的。

1. 人的九类情绪和四个层次。

我们每个人都有九类基本情绪。它们是，快乐、温情、惊奇、悲伤、厌恶、愤怒、恐惧、轻蔑、羞愧。这九类情绪的表现就像"变脸"那样丰富多彩，它随时地影响我们的工作和生活。我们要了解自己情绪的变化，就要认真研究情绪对自身状态产生的影响。在这几类情绪中，快乐和温情是正面情绪，惊奇是中性情绪，其余六种都是负面情绪。

由于人的九类情绪中，负面情绪占绝对多数，因此我们不知不觉就会进入不良情绪状态。情绪控制的目的就是要塑造阳光心态，把快乐和温情这两个好情绪调动出来。使我们能够经常处于积极的情绪当中。比如说我现在不高兴了，我就要想办法让自己高兴起来，让情绪调节像从衣服口袋里把它掏出来那样快速。想要那个情绪出来，就能自如地把它调动出来，能做到这一点的人可以被定义为"超人"。我们不是超人，但会努力去做，因为情绪具有两极性，好的心情产生向上的力量，使你喜悦、生机勃勃，沉着、冷静、事事顺利，天天向上。当人们面对那些使人低落的情绪时，如果不及时缓解，可能变得非常绝望，而所有这些情绪又都和疾病有关。如果这些低落的情绪长期困扰着人的身心，那么拥有快乐和温情这种阳光心态的时候就非常少。因此掌控情绪就意味着：你能通过给自己通电、加油、鼓励等方式，建立起对生活、对工作、对人际关系的健康信念，排遣自己身体中的不健康情绪。这些方法会给我们带来诸如自信、勇敢、宽容、同情等更为健康的情绪。

情绪是感情的先知，每种情绪都有其存在的理由，都能给我们指明一个方向，且能诱发人的不同行为。好的积极的情绪能给我们一份力量，成为人生变得更美好的动力；不好的、坏的情绪有时能给我们提供"返弹"的契机。比如你会有被别人看低的感觉，这是你因为别人的行为产生情绪反应，如果把这种"情绪"作为一种激励，你就会心有不甘，就会发奋努力。如果没有各种各样的情绪表现，生命将会变得呆滞、缺乏生机。也就是说，如果好的情绪能被妥善运用，坏的情绪能及时转化，人生就会变得更美好。

虽然人的情绪有九类之多，但是在心理学层面上，依据情绪发生的强度、持续时间，紧张的程度，又可把情绪分为心境、激情、应激反应和热情四种。

（1）心境

心境是一种微弱、平静、持续时间很长的情绪状态。心情舒畅的时候，我们会觉得身边的一切都是那么美好，微风习习，阳光明媚，内心诗情画意，对未来充满希望，做事时也劲头十足。而烦躁时又能觉得诸事不顺，"喝口凉水都塞牙，"心情沮丧、萎靡不振，做事提不起兴趣。心境会受到个人的思维方式、方法、理想以及人生观、价值观的影响。同样的外部环境会造成每个人不同的情绪反应。经常保持积极、乐观的心境，能使人更好地发挥自身的潜能和创造性，提高工作效率，有益于身心健康。一个快乐的人、总可以有意识地控制、掌握自己的心境，做心境的主人。

（2）**激情**

激情是迅速而短暂的情绪活动，欣喜若狂、大惊失色、勃然大怒都是激情的表现。激情发生时，伴随着剧烈的生理变化，从而产生巨大的能量，所以，身体外部表现特别明显，如大喊、痛哭、咬牙切齿等，与之相伴的是语言出现慷慨激昂或简单粗暴语言等现象。这些狂喜暴怒、绝望的激情，一旦爆发就像"龙卷风"一样突然袭来，左右一个人的思想意识。

积极的激情，可以使人处于应激状态，成为完成紧急任务的动力。比如，在战场上杀敌的时候，在与罪犯斗争的时候，激情会激发我们的勇气和力量。但是，消极的激情会干扰我们的学习和生活，对工作和学习产生破坏力量，在失去理智时，"一念之差"可能干出使人后悔莫及的蠢事来。当一个人处于消极的激情状态时，就会表现为头脑不冷静，易冲动，以至盛怒之下产生袭击他人，打砸眼前的东西等行为，不仅影响身心健康，还会造成人际关系紧张及物质上的损失。可以说，愤怒在使别人受伤的同时，自己也会受到更大的伤害。激情状态下杀人、伤人、毁物，都属于暴力性犯罪行为，后果十分严重。情绪控制的重点之一，就是控制消极的激情以避免可能

产生的不良后果。

（3）应激反应

应激反应是出乎意料的紧急情况所引起的急速而高度的紧张情绪状态。应激反应有正反面两个作用。正面作用是，一个人在应激状态下会出现一系列生理反应，来集中自己的智慧和经验，充分调动全部力量，迅速而及时地做出决定，以应付紧急情况和更大的事变。人的能力和智商往往在应激的时候马上全部体现出来。反面作用是，如果一个人经常处于应激状态，会削弱自身的免疫力并导致疾病。人在应激状态下，可能出现两种截然不同的适应：一种是积极增强的反应，表现为急中生智，力量倍增；另一种是消极减力的反应。表现为惊慌失措、意识狭窄、机能失调，甚至发生暂时性休克。人的性格和体质水平决定了应激表现的差异性。但是任何人都不应该长期处于高度紧张的应激反应中，否则会引起机体各种障碍发生。

（4）热情

热情是掌握了整个人的身心，决定一个人的思想行动基本方向的情绪。热情虽不如激情强烈，但较激情深刻而持久，它有时虽不如心境广泛，但较心境强烈而稳定。热情也具有积极和消极两个方面。如果热情的指向是追求个人名利，导致损害集体和国家的利益，这种热情在我们的社会里就谈不上什么社会价值。只有指向于集体荣誉，为社会谋福利，这种热情才会体现出个人的生命价值。热情还是一种有巨大推动力的情感。如果一个人没有充沛而深厚的热情，就不能完成艰巨的工作，也不能坚持自身的学习和提高。因为热情蕴藏着坚强的意志力。只有对向往的事业有巨大热情的人，才能激励自己克服困难，顽强地进行创造性活动并取得事业的成功。

影响情绪的因素很多，上至社会政治和经济制度的变革，社会风气、文

化潮流、战争和动乱；下至人际关系、学习、工作、个人经历的各种变故，乃至心理冲突和挫折，日常工作的琐事、疾病等，这些都会造成应激反应，影响着情绪，而情绪与健康又有着密切的关系，因此，充分了解情绪的本质和各种表现形式，以主动的心态掌握、调动、控制自己的情绪，对生活状态的改观和人生价值的体现有着重要意义。

2. 好情绪胜过良药。

有科学家经过研究得出结论，人的寿命可达110岁以上，上限可高达160岁。为什么人的寿命预期有160岁，可大多数人只能活到一半左右呢？只有少数人能活到100岁以上呢？这是因为人的一生除劳累、生活坎坷、疾病威胁以外，"感情损伤"是减少寿命的一个主要原因。

如果一个人的情绪起伏很大，时而高涨时而低落，处于失调状态，使身体潜在的"能量"超过一定限度，就会引起生理代谢紊乱，免疫功能降低，严重者会导致或加重某些疾病的病情。情绪上的开朗与抑郁、炽热与冷漠、喜悦与焦虑、镇定与暴怒、顺利与挫折、成功与失败……往往在情绪反应方面会相伴相生，互相转化。一旦失落占上风，情绪削弱了生理机能，各种致病因子就会借机肆虐，有损健康是不言而喻的。那么我们在日常生活和工作中，那些情绪表现有利于健康呢？

（1）开怀大笑益处多。

科学家发现笑能使紧张的肌肉松弛，减少压力激素的产生。不仅如此，笑还能降低血压，增加血液的携氧量。压力增大会破坏血管的保护层，笑可以将这种有损健康的压力拒之门外，从而降低心脏病的发病危险。

（2）懂得感激身体好。

无论是事业上获得成就，还是爱情上获得成功，哪怕是劫后余生、失而复得，只要你对所得到的深怀感激之情，都会有助于增加免疫力，降低

血压，缩短身体康复的时间。美国心理学家洛林·麦克拉蒂博士发现了情绪与身体健康的密切关系。热爱、感激以及满足都能促使催产素的产生，这种激素是由心脏分泌出来的，每当你敞开心扉，心满意足的时候，所分泌的这种激素会使你的神经系统得到放松，从而释放身体所承受的压力。细胞中的含氧量会大大增加，身体的免疫功能也会大大改善。

（3）痛哭是人获得好情绪的一种方法。

心理学认为，痛哭是一种天然的保护措施。如果在该哭的时候不哭，而强把眼泪咽下去，心里苦闷，悲痛产生的能量没有途径得到疏导的话，郁积起来就会憋出病来。痛哭是一种宣泄，心理上因而会轻松痛快些，并会得到一些宽慰。美国心理学家费雷研究痛哭行为后得出结论：人在悲伤时不哭等于是慢性自杀。他在调查中发现，长期不流泪的人患病率要比流泪的人高出一倍。痛哭对人体健康是有好处的。

一个人如果长期处于坏的、负面的情绪中会损害健康。一个人如果紧张的焦虑的程度过强，持续的时间又长，会损害免疫系统和心血管功能。长时间处于沉重的心情中，可能使脑内产生某些化学变化，从而损害记忆力，出现反应迟钝，健忘，动作笨拙现象。紧张状态、抑郁状态和经常发怒，会影响营养系统的吸收，使人的体质下降。常常心跳加快，血流加速，消化液减少，这会使营养在体内难以吸收。那么我们在日常的工作和生活中，哪些情绪表现不利于健康呢

①闷闷不乐会抑郁。

闷闷不乐是抑郁、悲观情绪的表现，与血清素和多巴胺水平低有关，而这两种物质是大脑中良好的神经逆质。血清素可以起到调节痛感的作用。要想摆脱闷闷乐的状态，就要保持睡眠良好，不要过度疲劳，处理好人际关系，把情绪的调整向积极乐观的方向转化。

②忍气吞声容易精神崩溃。

美国密歇根大学实验结果表明，忍气吞声的人因心脏病、中风或者癌症的死亡概率要比正常发泄情绪的人多一倍。

③"醋意大发"易患心脑疾病。

嫉妒是人类最有杀伤力、最痛苦、也最难以控制的情绪，主要表现在有明显的敌意甚至产生攻击、诋毁行为，不但危害他人，还会给人际关系造成极大的障碍，最终还会损伤自己。专家指出，醋意大发的时候，人们往往会血压升高，心率加快。当醋意萌发时，要能够积极主动地调整自己的意识和行为，从而控制自己的行为动机，这就需要客观、冷静地分析自己的情绪状态，避免醋意大发时行为过激，损害自己的健康，危及他人的安全。

④生气发火损害心脏。

生气后由于心情不能平静，致使神志恍惚，无精打采、气愤至极，可使大脑思维突破常规活动，往往做出鲁莽或过激举动，反常行为又形成对大脑中枢的恶劳刺激，气血上冲，还会导致脑溢血。生气上升到气愤时，人会心跳加快，出现心慌、胸闷的异常表现，甚至诱发心绞痛或心肌梗死。国外有名的学者研究了405位身患重病的患者，发现有72%的人有过严重的情绪危机，而正常人只有10%有过类似的情绪创伤。情绪危机就是指人的心理经历了极度的波动，其中包括愤怒、沮丧、恐怖、激动和悲痛等。但是，情绪一方面可以致病，另一方面也可以治病。积极的情绪有天然的抗病能力，能使人们奇迹般地保持和恢复健康。

3. 以平常心态对待不平常的事。

幸福来自于好的、积极的情绪，痛苦和沮丧来自于坏的、消极的情绪。如果把人获得幸福的过程比作驾驭一匹骏马，那么情绪就是坐骑，我们自己则是骑师。如果骑术高超，就能够轻松驾驭情绪，始终生活幸福，如果骑

术不过关，就可能无法驾驭和控制自己的情绪。我们作为个体的人与情绪之间的关系就可能完全倒置，就有可能成为坏的、消极情绪的奴隶，幸福就会离我们远去，而苦闷和烦恼就会困忧我们的生活。

成功大师卡耐基说："心中充满快乐的思想，我们就快乐，想着悲惨的事，我们就悲伤。心中满是恐惧的念头，我们必会害怕。怀着病态的思想，我们真的可能生病。老想着失败，则一定不可能成功。情绪心态左右着我们的生活，也决定事业的成败。"

我们每个人都可以通过努力调整自己的情绪，培养积极心态，获得幸福。当然，我们也不能把积极情绪与消极情绪截然割裂开来，往往是积极情绪中可能有消极的成分，而消极情绪有时也有积极的意义，调整心态的关键是要把握好分寸。

（二）情绪的掌控

无论是精英人物，还是事业的佼佼者，他们都能很好地控制自己的情绪，都是情绪控制的高手。"冲动是魔鬼"、"沉默是金"、"以静制动"、"以理服人"等控制情绪的信条包含着深刻的哲理。从理性的高度去加深理解就会获益匪浅。只要你明白情绪变化的心理动因，掌握控制情绪的方法，在为人处事时做到事态变而心态不乱，他人冲动自己却稳于泰山，你就有了控制局面的定力，就有了精英人物的风范。

情绪就像人的影子一样，每天与人相随相伴，我们在日常工作、学习和生活中时时刻刻都体验到它的存在以及它给我们的心理和生理上带来的变化。也许，从自己的经验出发，我们每个人对情绪都有一些自己的看法。但是情绪实际上比我们想象得要复杂得多。如果我们在某种程度上能够了解情绪对人产生的影响，并对情绪产生和发展的基本规律有一定的认识，这不仅有利于我们的工作、学习和生活，对我们的身心健康也十分有利，情

绪控制要注意以下几点：

（1）保持情绪上自觉意识。

要想很好地控制自己的情绪，就要随时随地弄清楚自己的情绪状态。因为每个人的心就像一块磁铁。当你心情愉快，对这个世界充满喜欢和善意时，一切美好的东西就自然被你吸引了；当你处于苦闷状态，对这个世界开始憎恶时，丑陋的恶意的事物也会被你吸引。自觉地意识到自己的情绪状态，进行合理的及时调整，才能具有良好的精神状态。

（2）理解情绪的来源。

当不好的情绪产生时，不妨先问问自己是什么事情引发了自己的坏情绪。如果是一件糟糕的事情引发的，就要以客观的态度去对待。想一想我可以从中学到什么？从今以后我应该如何才能避免发生的这样的错误。如果工作中受到了批评，倘若能静下心来，认真分析一下自己在哪些方面存在失误，批评就变得积极而有益了。假如是自己做得不够好，可以从中吸取教训，避免在以后的工作中再出现同类的问题。不要重蹈覆辙，假如自己没做错，是上级的错误，也不要一味的责怪，就当是他在给提个醒，以后不犯这样的错误。这样一来，心里就坦然了，坏情绪自然而然也就转化了。

（3）学会摆脱负面情绪。

一个人要对自己的情绪有很强的自觉意识，在任何的特定的环境下都能做出合适的选择，这时我们发现，负面情绪的"痛苦感"不见了，它成为了引导我们寻找解决方案的原动力，这种驾驭情绪的方法使我们摆脱了被情绪控制的局面，从而拥有精神上的绝对自由。

我们无法选择将要发生的事情，情绪的到来很可能没有任何信号，但我们可以掌握自己的态度，调节情绪来适应发生变化的环境。当情绪低落的时候，要学会马上提醒自己："别忘了情绪是为自己服务的。"在这种情况

下, 你完全可以选择你所要的积极情绪, 让负面情绪远离自己。

(4) 少用负面情绪语言讲话。

负面的用语不但束缚自己, 还会使他人产生负面情绪, 比如老板对自己的员工说: "你这件事情怎么没做好?" 这话就非常让人沮丧。如果换成 "你觉得这件事情怎么做可以更好一些?" 这种提示的话语就不能引起反感, 对方会心悦诚服地接受。如果把 "你这样表现很差劲" 的话, 换成 "你还有更大的进步空间", 对方听了肯定会备受鼓舞, 会将自己的工作做得更加完美。

(5) 掌握并利用情绪周期.

情绪的周期是指一个人情绪高潮和低潮交替过程所经历的时间。它反映出人体内部周期性张弛规律, 也称情绪生物节律。人如果处于情绪周期高潮就表现出强烈地生命活力。对人和蔼可亲, 感情丰富, 做事认真, 容易接受别人的规劝, 具有心旷神怡之感, 若处于情绪周期的低潮, 则容易急躁和发脾气, 易产生反抗情绪, 喜怒无常, 常感到孤独与寂寞。

情绪周期就像是人生情感的天气预报一样, 我们可以依据预报的提示安排好自己人生的节律。比如情绪高潮的时候安排一些难度大, 复杂又棘手的任务, 因为人在良好的情绪状态下迎接挑战可以淡化情绪; 而在情绪低落时就不要勉强自己, 我们可以先做些简单的工作, 也可以放下手头上的事, 出去走走, 多参加一些娱乐活动, 让身心得到及时的放松, 如果有了烦恼的事情要向信任的亲人和朋友倾诉, 我们要积极化解不良情绪, 寻找心理上的支持, 安全的渡过情绪危险期, 如果情绪低迷时还坚持做复杂而艰巨的工作, 不仅效率不高, 还会增加失败机率, 并严重打击自信。了解情绪周期, 适时调节自我情绪。

☆**情绪周期的一般规律:**

科学研究表明, 人的情绪周期是与生俱来的。从出生第一天开始, 一

般28天为一个周期，周而复始，每个周期的前一半时间称为高潮期，后一半为低潮期，由高潮向低潮或由低潮向高潮过度的时间，称为"临界期"，一般为二到三天。人的情绪总是由兴奋到抑制，从抑制再到兴奋，往复循环。一个人的情绪不可能一直处于低潮，也不可能一直处于高潮，掌握自己的情绪周期，就应该将其应用于我们的日常生活学习之中。遇上低潮和临界期，我们要提高警惕，运用意志加强自我控制。

历史上的成功者，他们所走的道路并不是一帆风顺的，他们的能力也并不一定有多么超群，但有一点是相同的，就是他们都善于控制自己的情绪，能在危机时泰然自若，能在千钧一发之际力挽狂澜，相反，一个失败者也并非缺少机会，或者是资历浅薄，甚至上天无眼给自己护佑不够多，很多时候，失败的原因仅仅是他们不会控制自己的情绪。任自己的坏情绪肆意妄为，遭受质疑时怒火中烧，遭遇挫折时，借酒消愁；任自己的萎靡情绪放任滋长，最后眼看着成功与自己擦身而过；也有的人得意的时候忘乎所以，四面树敌，给自己以后的发展道路增添了许多障碍。

☆想要做一个成功者，首先要做自己情绪的主人，在这方面要牢记以下三"不"

（1）不要急于求成。

事物的发展自有规律，如果你妄想拔苗助长，一夜开花，那只是为失败埋下了地雷，也许你一路走来都很顺利，却在接近事业的顶峰时地雷突然爆炸，酿成功亏一篑的可悲后果。

（2）不要在坏情绪时做决策。

错误的事情一般是由感性引发，正确的事情一般由理性引发，如果在情绪失控的情况下做出决定就会出现很大的失误，最后让理性败于感性。

（3）不要在顺境时得意忘形。

　　顺境时得意忘形，源自于在情绪的带动下，思维把高兴的事情进行脱离客观现实的放大，使自己的感觉处于失真状态，因此忘乎所以。得意忘形的时候对事物的调控能力就会减弱，失败的概率就会增加。在现实生活中，很多事都不可能完美，而生活之所以充满乐趣，往往也正是由于留有缺憾。如果一个人在现实生活中，凡事追求完美，非要拿着想象去和现实碰撞，就会自寻烦恼。残缺是一种美，不完美往往使人难以接受，尤其是对"完美主义者"，他们通常有着绝对化要求信念，内心的标准通常是没有弹性的，僵化的，专制而武断的。他们通常采取这样的语言来表达自己的想法："我一定做一名杰出的人"、"我一定得到公平的待遇"，"这些不好的现状和事实根本不应该发生的在我身上"，"这个目标要得到大家的认同"，"无论如何都要达到这个目标"。这些不合理的绝对化的要求常常会使人产生思维扭曲，不能正确评估所发生的事情。当遇到现实与自己的要求相差甚远的时候，就会产生负面情绪，如焦虑、抑郁、愤怒、嫉妒等，并引发一些毫无建设性的行为，如退缩、报复、不作为、强迫作为等。生活中的不完美能焕发出强大的魅力，因为不完美，所以总是想要做得更好。因为不完美，所以更能珍惜现在拥有的东西。

　　☆在工作和生活中如何对待"完美"这个观念？

　　（1）为自己确立有弹性的目标。

　　许多事情不是靠个人能力所能掌控的，不以个人的意志为转移的。人生不能保证总是向前走，又总是走在正确的道路上。所以要按照自己的能力制订目标，不要对自己太苛求，苛求只会让你陷入不能完成目标的焦虑，让更多的烦恼得以复加，让心灵受困。

　　（2）凡是往好的方面努力。

　　我们在工作和生活中，意外情况的发生都是难免的。遇到困难和挫

折,就要思考怎么样来克服它,战胜它,遇到不可避免的问题就要总结它给我们带来的经验和教训,这同样是难得的收获。

(3)学会眼睛向下看。

中国有句俗话:"人家坐轿我骑驴,抬头看看拉车汉,比上不足比下有余。"在心情沮丧时,多往下看,往后看,与那些不如自己的人相比较,然后再想想自己的优势,这样,心情就会很快恢复,就能以客观冷静的态度对待自己的处境,以更合理的方式改变现状,使现实接近心中的目标,在过程中体验美,感受美。

歌德曾经说过:"十全十美是上天的尺度,而要达到这种十全十美的尺度,则是人类的'愿望'。把'完美'当成美好的愿望去追求,去努力,而不是去苛求,才是正确的人生观。"

人的情绪如四季交替一般自然地发生。情绪产生波动时,人就会表现出高兴、愉快、悲伤、焦虑等各种不同的心理反应。积极的情绪会激发人们工作的热情和潜力,也会增强对生活的信心。而负面情绪若继续不断地出现,就会影响人际关系,工作效率和身心健康,要不适时调整会积郁成疾,甚至使人走向崩溃。要想拥有积极的情绪,每天都能快乐的工作和生活,就要学会辨认情绪,分析情绪和正确运用调节情绪的方法。

☆情绪调节简单易行的方法有以下七种:

1. 诱导调节法

心理学家认为,进行积极情绪诱导会起到很好的调节作用。这是因为情绪诱导可增加人的心理能量,主要用来支撑一个人产生或进行各种有意识的心理活动以及外在行为。当一个人遇到对自己不利的事情时,主动地思维导向对自己有利的方面就能把坏的、负面的情绪转变为好的、正面的情绪。

著名导演吴宇森是一个很会进行情绪诱导的人。当他遇到烦恼时经

91

常这样劝慰自己："一定会过去的,明天一定会更好。"持这种心态的吴宇森,不把批评指责自己的人当成小人,而是看成关心自己的人,心里想着有这么多好人在关心自己,事情怎么能做不好呢? 我有刚强的性格,又有这么多同事在帮我,事情一定做得好。吴宇森遇到烦恼时永远往好的方面去想,当有好事发生,他就怀着感激的心情去欣赏,去理解他人。吴宇森认为保持良好的心境,任何事情都会有希望,这样心中的忧郁和烦闷就会被驱散了。

2. 想象调节法

想象调节法是通过想象美好的事物、情景等来唤起积极的情绪,用以抑制、克服、解除消极情绪从而达到心理平衡。想象调节法的方法很多,想象的内容不受时间、地点的限制。可以想象自己曾经经历过美好事物,也可以想象自己过去的美好的地方,还可以想想未来可能发生的美好事物的情景。当一个人遇到心理困惑时,可以想想自己过去做同类情形成功的情景,这样就可以唤起自己记忆中的好情绪,以帮助清除当前的不良情绪。

在古代有一位老母亲,她有两个儿子,大儿子卖布鞋,小儿子卖伞。天晴了,她担心小儿的伞卖不出去,天下雨了,她又担心大儿子的布鞋卖不出去。就这样,这位老母亲整天愁眉苦脸,很不开心。有一位好心人看她这样,就对她说:"你应该换一个角度看问题,天晴了就想到大儿子布鞋很好卖,天下雨了就想到小儿子的伞很好卖,这样一来,你的心情肯定会好起来。"老母亲听了好心人的话,开始试着这样做,心情果然不错,从此,她便天天这样想,心情也随着天天快乐起来。

3. 幽默调节法

幽默引起的欢笑可以使人忘却忧愁,忘却苦恼,使人的情绪、心态得到改善,不失为一种调节情绪的好方法。幽默是人在实践生活中逐渐形成

的一种语言风格,既风趣又含义深刻。幽默是一种人的机智素质。我们在遇到不愉快的事情时,要懂得用幽默来调节,就能消除不良情绪。

英国著名化学家法拉第由于长期紧张工作,大脑功能失调,经常失眠头痛。有一次他请医生看病,医生给他开的处方不是药方,而是英国的一句谚语:"一个丑角进城,胜过一打医生"。法拉第看了这个药方,悟出了这句话的奥秘,于是他就经常去看滑稽戏、马戏和喜剧等表演。在看戏的时候,他经常被逗得哈哈大笑,不久,轻松的心情使他的情绪和心态得到了改善,同时他的健康也出现了明显的好转,他后来竟活到了76岁。

现代社会人们的生活压力大,绝大部分人有程度不同的心理问题,看看滑稽的表演,听听相声和小品,说些笑话,在笑声中,不知不觉地就使自己的心态得到了调整,变不愉快情绪为愉快情绪。

4. 遗忘调节法

有的人在消极情绪产生后,老是郁积于心,耿耿于怀,丢不下,放不开,结果只能使这种消极情绪不断蔓延且日益加重。因此,当某种事情引起你的消极情绪时,最好能把这件事情尽快地遗忘掉。如果老为这件事悲伤难过、叹息,会增加自己的思想负担,使身心受到压抑。做人应当明智一点,现实一点,事情既已发生,且无可挽回,就应当果断地丢开它,忘却它。如果这个场所老是引起你不愉快的回想,那就应当设法避开这个场所。以免"触景生情"。如果眼前存在着一件可以唤起你悲伤记忆的物件,不妨把它收藏起来。如此以来,就能使自己的思想暂时地离开这些不愉快的事情。以求得对它的淡漠和遗忘,从而缓解消极情绪对自己的侵扰,避免由此而造成的身心损伤。

5. 音乐调节法

心理学家研究证明,美妙的音乐通过听觉器官被人接收,使人体的能

量被激发起来,从静态变为动态。优美的音乐能促使人体分泌一些有益于健康的激素,起到调节血液流量和神经细胞兴奋的作用。音乐的不同旋律、节奏、音量、速度等会使人产生不同的情绪反应。一般来说,音乐能唤起人们的愉快的情绪,使人情绪放松,在疲劳、紧张、有不安情绪时,听一听轻音乐,就可以缓解自己紧张的情绪。

6. 运动调节法

所谓运动调节法,就是通过身体的运动把自己所承受的压力、苦恼等不良情绪发泄出来,以减轻自己的心理压力的一种方法。体育运动可以使大脑释放一种叫"内啡"的东西。它能与吗啡相结合,产生止痛作用和欣快感。这种物质是天然的锁定剂,可以帮助人平衡情绪,带来好心情。

在使用运动的方法调节情绪时,需要有适当的运动量。运动量低则很难宣泄自己被压抑的不良情绪。但是运动量也不能太大。运动量张弛有度,既能放松心情,又有利于身体健康。

7. 宣泄调节法

情绪宣泄有直接和间接两种方式。直接宣泄是指直接针对引发情绪的刺激来表达情绪,如发牢骚、喊叫、痛哭等方法。当受环境因素的影响,不能采取直接宣泄的方法时,可用间接宣泄使情绪得到释放,如向亲友、同事等倾诉,并接受他们的劝慰、批评和帮助。这样,通过情绪的充分表露和从外界得到的反馈信息,可以调整引起消极情绪的认知过程和改变不合理的想法,从而求得心理上的平衡。同样当与他人闹了矛盾时,要勇敢地与对方开诚布公地交换意见,以解开疙瘩,消除误会。万不得已时,找个舒适的地方大哭一场,或向知心人诉说心中的委屈与痛苦,心理压力也会减轻一些。

由于受环境、人际关系的制约,人的坏情绪不能随时发泄,在生闷气、

抑郁、焦虑时，可以找个没有人的地方，尽情的宣泄。也可以深吸几口气，把气愤、难过等强烈的情绪搁置下来，或者立刻参与到其他活动当中。如做游戏、郊游、看电影等自己喜欢的事情。回到家后心里仍觉得不舒服的话，完全可以选择一个安静的角落，以自己喜欢的方式来尽情宣泄，当把坏情绪都发泄一空时，就会看到自己有一张神清气爽、笑逐颜开的面孔，又可以开始新的生活了。

（三）情绪的传导与转移

人们把情绪的互相影响称为"情绪传导，"也叫"情绪传染"。一个人只要生活在群体中。自己的情绪会不知不觉中就被他人的情绪影响了。这种"情绪传染"是情绪发生变化的主要原因之一。某天傍晚，一位先生下班路过菜市场，心情不错，就顺便买了一条鱼回去做晚餐。不一会儿，他就把自己的拿手菜"水煮鱼"做好了，等妻子和女儿回来品尝。他想，妻子最爱吃自己做的"水煮鱼"了，进门时闻到香味一定会很开心。丈夫正得意时，门响了，妻子回来了，丈夫一脸笑容地迎了上去，谁知妻子拉长了脸，一声不吭，丈夫问道："你怎么啦？"妻子一句话也没说，把皮包往沙发一扔，就走进房间去了，丈夫的心里顿时非常不快，他往沙发一坐，又气愤又后悔。心想：我真是自作多情，还做什么水煮鱼给她吃，瞧这态度，别说这鱼看着烦了，就是弄来猴头、燕窝也没有什么意思。正生着气，女儿回来了，一进门就兴高采烈地喊："我考上了！我考上了！"原来重点高中录取单公布了，女儿考上了。这可是一家人最大的愿望啊。一股喜悦从心底油然升起，把刚才的郁闷一扫而光。妻子也在房间里听到了，立刻奔了出来，一脸开心地搂着女儿笑。一家人沉浸在欢乐之中。这只是生活中很普通的一个场景，前后不过几分钟，丈夫便历经了情绪的起伏变化。丈夫原本愉快的心情被妻子不好的情绪所传染，妻子可能是在工作上或下班的途中遇到什么不顺心的

事，就把负面情绪带到家里来了。当女儿带来喜讯回家，好消息和看到女儿兴高采烈的情绪，使夫妻二人立刻把刚才的坏情绪抛到了九霄云外。

如果说你能细心观察，就会发现情绪的传染速度非常之快，对身心健康的影响也非常大。学会保持良好而稳定的情绪对工作和生活都大有益处。我们且莫使自己的心被外界的不良情绪困扰，否则就会产生许多无谓的烦恼。

坏情绪就像是病毒，一不小心就会被传染，要保证自己情绪的健康，就要学会不断增强情绪的免疫力，那么，怎样做才能让情绪百毒不侵呢？

1. 远离情绪消极的人。

如果你很难改变那些有着严重消极情绪的人，就要避开消极情绪对你的影响。不要让那些消极观点成为自己注意力的焦点，这样可以降低消极情绪的传染性。

2. 学会与消极的人相处。

当你不得不与情绪消极的人相处时，若是你表现出厌烦情绪，则会加重自己的坏心情，这种情况下，你必须学会与他相处的技巧。例如，尽量不提及让他们产生消极情绪的敏感话题，对他的情绪保持清醒认识并采取相应对策。

3. 坚持自己的主见。

没有主见的人，最容易受外界环境，他人情绪的影响，而有主见的人则会很轻松地保护好自己的"情感领地"，使自身情绪不受他人坏情绪的传染。同时，培养积极乐观的人生态度，以此来抵御坏情绪的传染，会有良好的效果。学会控制自己的情绪，而不让别人决定你的情绪，就要增强对坏情绪的免疫力，只有这样才能每天都有好心情。

(四)情绪的减压

社会生活节奏的加快,日趋激烈的竞争和永无止境的欲望,使人们承受着越来越重的压力。许多人感到现代社会是一个压力的时代。我们几乎每天都生活在各种压力的环境中。由于各行各业竞争的加剧,求职难已成了不争的事实。即使有了工作,在这个迅速发展的社会里,人们又时时面临"下岗"的威胁。

生活的压力使人们不得不面对住房紧张,环境污染,交通拥挤,抚养孩子,照顾老人,支付医疗保险这些难题。生活的快节奏,多变性,给人们的恋爱、婚姻、家庭带来了许多不确定的因素,情感受挫机会增加。由于种种利益冲突,人际关系变得越来越复杂,情感交流日益减少。许多人常无奈的感叹:物质条件好了,但确很难开心一笑。心理学家认为,这是在竞争日益激烈的现代社会中,人们心理压力过大,而心理承受能力有限所致。

无形的压力会在人的生理和心理方面引起诸多不良反应。生理症状主要表现在头疼、疲劳、失眠、消化不良、颈痛或背痛等,心理症状主要包括焦虑、愤怒、消极、悲观、玩世不恭和注意力不集中等。更严重的则表现出抑郁孤僻、绝望,日积月累会造成某种障碍或生理机能失调,影响身心健康。

"压力是人生的燃料"。它提醒我们,不要认为压力只有不良的影响,应多去开发压力的有利因素。适当的压力并非坏事,若压力调节得当,会转化为动力,不仅能减少疾病的发生,使自己活得更舒适,更有意义,还可以驱使我们去挑战自己的能力,激发个人潜能。

既然无法逃避压力,就要学会与压力相处,学会调节心理平衡。如何舒缓工作压力,保持良好的生活心态,促进身心健康呢?

我们可以从以下几个方面入手:

1. 淡泊名利不给自己制定过高的目标

医学研究证明，对自己要求过高的人很容易有心脏疾病，当过高的期望不能实现时，往往对身边的人充满敌意，对前途悲观失望。一个人的快乐，并非是他拥有的多，而是他计较的少。舍弃不一定是失去，而是另一种更广阔的拥有。

2. 放松心情保持乐观向上的心态

现代心理学研究发现，人的心情愉快时，整个新陈代谢会改善。烦闷、懊恼、愤恨、焦虑、忧伤是产生压力的催化剂。因此要经常保持愉快的心情，培养坚强、乐观、开朗、幽默的性格，具有广泛的爱好和兴趣，始终保持积极向上的生活态度。培养自己不畏强手、勇于拼搏的精神，不断提高对压力的承受能力。

3. 适度转移和释放压力

面对压力，转移是一种最好的办法。压力太重"背"不动了，就放下来不去想它，把注意力转到你轻松快乐的事情上来。等心态调整平和以后，已经坚强起来的你，还会害怕你面前的压力吗？

4. 劳逸结合寻求乐趣

短期旅游、爬山远眺、呼吸新鲜空气等活动都能开阔视野，增加精神活力。忙里偷闲听听音乐、跳跳舞、唱唱歌、聊天逛街，也是消除疲劳，让紧张的神经得到松弛的有效办法。

5. 学会运用弹性思维

一个富有弹性思维的人，往往能冷静地应对各种变化的逆境和顺境，变压力为动力。所以我们要学会运用弹性思维，抱着"车到山前必有路"的思想，为自己创造一个积极的、有序的、宽松的、和谐的生存环境。所以，要学着与压力相处，不要一味逃避。因为逃避既解决不了任何问题，还会加

重你的情绪负荷。要知道，一旦压力情绪爆发开来，它所造成的不利影响是很难预计的。

压力是在工作和学习中最让人恐慌的事情之一。压力不是人或事造成的，而是由我们对待人和事的方式造成的，压力是我们生活不可避免的、十分重要的成分。那么如何克服这些压力呢？

不妨做一做加减乘除法试试。

1. 加法

人生在世，总是要追求一些东西，追求什么是人的自由。所谓人各有志，只要不违法，手段得当，不损害别人，符合道德伦理，追求任何东西都是合理的。一个进步的社会应该鼓励个人用自己的双手，增加人生的价值和内涵，使人生物质世界和精神世界都更加富有和充实。加法人生原则是提倡公平竞争，不论在物质财富上还是精神财富上胜出者，都应给予鼓励。加法加的是什么？是你的积极的愉快的平和的情绪，它们可以让你的人生是朝着积极的走向延伸。

2. 减法

人生是对立统一体，哲人说人生如车，其载重量有限，超负荷运行促使人生走向其反面。人的生命有限，而欲望无限。我们要学会辩证地看待人生，看待得失，用减法减去人生过重的负担。否则，负担太重，人生不堪重负，结果往往事与愿违。人生应有所为，有所不为。

减法减去什么？是消极的、有负荷的情绪，这样我们才能轻装上阵，打一场漂亮的人生仗。

3. 乘法

要学会多留一些时间给自己。一个人如果总是不闲着，会使周围人的情绪也随之紧张。如果感到累了，一定要休息，即使不累，为了爱惜自己生

命也不妨坐下来放松一会儿。

人生的成功与否与个人的努力有关。哲人说，人生的道路尽管很慢长，但要紧处就那么几步，对于人生而言，奋斗固然重要，但能否抓住机遇也是十分关键的。在人生的关键时刻，一次努力抵得上几次、几十次的努力，一年的奋争能抵得上几年甚至十几年、几十年的奋争。从这种意义上讲，在关键时刻把握住人生就实现了人生的乘法。

乘法是什么？是我们在面对压力和困难时必须具有的高涨情绪，把你的潜在能力发掘出来，用乘法将这些能量加以扩大。只有这样，在关键时刻，才会得到应有的回报，人生的光环随之而来。

4. 除法

不要同时做几件事，把家务、工作、学习分开做。不要总想自己能够同时做几件事，与其同时忙碌好几件事情，不如考虑如何提高效率，最好是把家务分成几部分来做。例如，今天整理卧室，明天给房间除尘，后天再擦窗户。心理学家认为，适度的家务劳动并不会使人感到疲劳，而且还会给人带来愉快感。有人曾写下一个著名的幸福公式，幸福程度等于目标实现值除以目标期望值。也就是说，在目标实现值固定的前提下，目标期望值越高，幸福程度越低；而期望值越低，幸福程度越高。我们平常所说的"知足者常乐"也包含这种意思。

很多时候，人生不能寄期望值过高，树立理想是必要的，但树立理想过于远大，超出了自己的身体能力和条件，那是十分有害的，这样容易造成人生的目标期望值和实现值反差太大，使人产生自卑情绪和失落情绪。

三、爱心的奉献

（一）什么是爱

心理学家弗洛姆在经过长期研究后，将爱的表现形态归纳为四个方面即：关心、尊重、理解、责任四点。

下面仅就这四点论述如下：

1. 爱是关心

关心是一种爱的能力，它首先要求是心中有他人，把别人的困难放在自己的心上，时刻想着要去关心他人。但更要求有爱的具体行动，不能只停留在口头上。因为爱的真谛是为之出力，付出自己的劳动和汗水，真正实在地帮助他人解除痛苦，解决困难使爱的作用达之于被爱者的身上而不是空口说白话。就像一个爱花者，是绝不会忘记每日给花浇水。一个深爱母亲的人，看到有病的母亲干重活，决不会袖手旁观，一定会抢过来自己做的，否则，说他爱母亲就只能是假的，所以只有爱的行动才能将爱的情感电波传递给所爱的人。从而引起双方情感的共振和交流，这就是我们平常说的用行动来证明你的爱。

2. 爱是尊重

什么是尊重？就是要平等地对待别人，即使是在最亲密的人中间。无论是亲人之间、师生之间、朋友之间，对于所有的人，你必须把他当成与你完全平等的独立的人去看待。你必须尊重他们的人格，他们的兴趣、意愿，他作为一个独立的人应有的权利。而不应把你的意志强加于他，以你的主观意愿去支配他，以你的兴趣爱好去指挥他。你不应该压制他的个性，而应让他按自己的天赋自然地成长。

有的人，常常会有这样一些想法：对于自己非常要好的朋友，常常会产生希望，占有他的感情的情绪。具体地说就是只希望他和自己一个人好，所有的秘密的心里话只对自己一个人说，不愿他再去交别的朋友，当自己和别人产生矛盾、甚至吵架时，就希望自己这位知心朋友来帮着一起吵架。当自己不理睬另一个人时，就希望他也不要理睬；朋友本来是完全平等的，没有上下级关系，但由于要好，就想用一根绳子把对方捆在自己身上，使他失去独立性，失去自由，不能有自己的独立的感情。他的好恶要完全紧跟在自己的好恶后面，否则就不承认他是朋友。这确实是对朋友的不尊重。

有的人以为反正是朋友，就可以随便乱说，任意占有对方的感情，然而这就是未来感情破裂的起点。因为当两个人是朋友的时候，即使有些不愉快对方也会容忍下来。但容忍本身就是一种积累，当容忍到一定限度的时候，也就像一条万吨轮已经装满整整一万吨的时候，如果这条船没有安全系数时，那这时已经满载，再增加一公斤的载荷，它就要沉下去了。人际关系也是这样，当两个亲密的朋友之间的容忍达到"满载"的时候，往往为了一件极为细小不起眼的小事而猛烈争吵起来，造成最后的破裂，在旁人看来简直不可理解。

所以任意占有朋友的感情正是走向友情最后破裂的起点。而真正的爱则是要尊重对方人格的独立性。学会爱，对于青少年来说是一大课题。不少独生子女在极受宠爱的家庭环境里长大，往往一切以个人为中心，习惯于以自己的意志情感去代替别人的意志与情感。通俗地说就是由着自己的性子来，忘记了这个世界上还有别人和自己一样地存在着，他们也是活生生的有血有肉的人，也有喜怒哀乐，也有情感，也需要别人的尊重。忘了我们都是生活在一个集体之中，一个社会里，就必须尊重和遵循集体和社会的约定俗成的规则。这代表的是大家的共同利益，谁违反了就必然地会遭到

别人的谴责。

有的人对父母为自己付出的操劳毫不放在心上，以为都是应该的，甚至有人这样说："谁叫你生我出来的"，所以父母为他的事焦急，奔忙，他却像没事人似的心安理得，呆在一旁，没有丝毫在感激之情，有时心里还嘀咕："是你自己喜欢干的管我什么事。"他们不知道父母也是血肉之躯，父母为自己干的每一件事，都不知道要消耗多少心血和体力。这些操劳是多么可贵。要万分地给予珍惜和尊重，一定不能使他们付出无谓的代价。

也有不少人对老师的劳动极不尊重，在老师讲课时随意插嘴吵闹，做其他的事情，或者干脆不听，他们不知道教师是不可能随便走上讲台的，他们每讲一节课都要花了大量的精力来准备，因此他们对每一节课都寄予很大的期望，希望每个学生在他的每一节课结束后都有所进步和提高。但有些人的所作所为，却伤害了老师的感情，似乎是在用行动对他说，你的劳动一点也没有价值，糟糕透啦，一点没意思。而不顾这是否会伤老师的心，事实上还损害了自己，这种不尊重老师，极大地损害了师生之间的感情。

3. 爱是理解

什么是理解? 理解就是对所爱的人深入了解，不仅了解和认识他的外表，更要了解他的内心。要真正认识、理解一个人，也是一件不容易的事。这也是一种能力，一种爱的能力。你是否能将心比心，站在对方的立场上考虑问题。许多事原来是不可宽恕的和不可以原谅的，非常令人气愤的。但你若交换一下角色，站在对方的角度去想一想，事情就会变得合理得多了，你就可以理解他了。他为什么在此时此刻要做这件事，当你理解了他，随之你就会宽容他、谅解他、容纳他。能这样去理解人是了不起的品质，是精神上的升华，是爱心的表现。如果我们学会了理解，就会发现世界上许多事并不如我们想象的那么坏，世界上毕竟还是好人多，只因为大家互相不理解，以

致产生了种种误解和矛盾。

要使人际关系变得丰富多彩，和谐而有意义，理解是一个极为重要的手段，而这就是爱。

要善于理解别人，还需要一种品质，一种勇气，那就是经常看到别人的优点和长处，承认别人的优点和长处，甚至承认他在很多方面超出了自己。因为通常我们很容易犯这样的毛病，既使用放大镜看自己的优点，而用显微镜来看人家的缺点。因此看到自己总是一朵艳丽的鲜花，看到别人则是枯萎的莠草。带着这样的有色眼镜，就不能公正客观地观察、判断问题，待人处事会很不谦虚。不管发生什么事情，首先是从坏的角度去评价别人，从坏的方面去找原因，因此就出现了埋怨、责怪、怨恨、甚至愤懑的不友好的态度。如果我们反过来，从好的角度去考虑问题，那也许就会出现相反的结果。对待同样一件事，采取谅解、宽容、信赖、帮助、合作友好的态度，这样也许使本来已经陷入于困境的人和事，得到完美的解决。要真正理解和了解别人，有一个很重要的条件是对人真诚，即敢于向人打开自己的心扉，说真话不说假话，不装腔作势，不虚情假意，不掩饰自己的缺点。因为只有真心待人才能得到别人的真心。记得马克思曾说过这样的话："人同世界的关系，假如是一种人与人的关系的话，那么我们是能用爱去换取爱，用信任去交换信任。"这也就是我们平时所说的人心换人心。

4. 爱是责任

什么是责任？责任比一般的关心更进一层，它要求不仅对别人的困难予以关心，为之出力，而且把别人的困难当成自己的困难，当成自己的事，应该去帮助解决。因此责任应该是更高层次的爱，无论对自己的家庭，对别人、对事业、对集体、对国家都要有一种高度自觉的主人翁精神。有责任心与没有责任心的情况是全然不相同的。例如：有时我们看到一个人跌倒在

马路旁，受了些伤，我们可以很关切地表示同情与关心，或把他扶起来，最好是把他送到医院，或送回家，这样就做到了关心了。但如果跌倒的是你的亲人呢？那事情就不仅如此了。我们不仅会焦急地把他送到医院，如果他伤严重的话，我们会千方百计地为他请好医生，回家为他筹借医疗费，要和家人商量轮流陪他一旁，要设法减轻他的痛苦，使他赶快好起来。

为什么要这样做呢？因为他是我们的亲人，我们对他负有责任，他的病情好坏，他的生命安危是和自己的生活联系在一起的。我们必须尽力服侍他，使他好转，否则就会受到良心的责备，使自己的心灵受到痛苦，这就是责任，就是更高层次的爱。

这种爱是渗透在生活领域的各个方面的。就说家庭生活中吧：作为一个家庭的成员，就必须对这个家庭负责，不管他在这个家庭里担任什么角色，只要他是这个家庭的成员，他就义不容辞地必须对这个家庭的每一个成员负责。在他们中任何一个人碰到困难和问题时，都应该挺身而出，立即尽自己所能地去帮助他。而当你得到快乐和喜悦时，你也不应该独享，而是应该与你的家庭的其他成员去共同分享。

但是在现实生活中，我们看到的不少青少年，恰恰就是缺乏这样一种爱心，他们从一出生就享受着父母给予无微不至的关怀，无穷无尽的，甚至胜过自己的生命的爱，以至于那些青少年就此形成习惯，以为这是天经地义的，是应该享有的。因此不仅体会不到爱，反而认为享受得太少。而他们对自己的家庭呢？却从来未考虑过应负起什么责任。他们不懂爱是双方的，双方都负有责任。

他们把家仅仅当成旅馆和饭店，他们白吃白住，既不烧饭，也不洗碗，甚至父母身体有病了，也想不到应该陪他去医院看看。当然这样说并不是指责，说这些人都是天生的坏蛋，绝对不是的，之所以会出现这样的局面，

只是因为他们不懂得他们除了享受爱之外，还应该付出爱。而对于大多数孩子来说，这样的责任心并没有很快地建立起来，因为他们可能没有这样的机缘。所以对于大多数的人，我们应该进行教育，让他们懂得责任心也是一种爱的体现。他要得到爱，就必须付出爱，他要人家对他有责任心，他就必须对人家有责任心。

对于学生来说，责任心是一种主动的精神，是一种主人翁的态度，他应该把学习当成自己的责任，应该"我要学"，而不是"要我学"。他从在学习的驾驶台上，他是驾驶员而不是乘客，他能驾驶自己的行动，他是自己的主人，他努力学习，是为了对自己负责，对自己的生命负责。他努力学习是对国家负责，是对自己的家庭负责。父母培育了他，家庭供养了他，他就努力学习，以便将来挑起家庭的担子，并且为祖国作出贡献，因此他的学习完全是应该自觉的，不需要任何人的督促。不需要父母发奖金的。因为他是为自己学习，他得到社会、家庭、学校给予他的这么多的爱，他要报答，因此他必须努力学习。

如果你是一个有爱心的人，你就很容易在这个世界上找到你值得为之奋斗并作出成绩的位置，为社会贡献自己的一份热量，这样你的生命就会变得充实，变得有价值，有所作为。如果人人都能这样，那么一切冷漠、自私、敌对……都将大大的减少。我们的社会、我们的国家都将会欣欣向荣，兴旺发达，我们将生活在友爱与欢乐中。爱就在生活中，爱就是生活。你一旦失去了爱，也就失去了生活。

（二）爱的表达

现在我们已经知道什么是爱，我们还要知道怎么去表达爱。

1. 爱的传递

首先，一个能够表达自己爱的人，他必须要有深厚爱心，他一定是善良

的、仁慈的,爱就像泉水那样从他的内心涌出,从他那宽广的胸怀里溢出来,是那样的自然,没有一丝做作,没有任何虚情假意。他是以奉献为最大的快乐,没有这个内在本质是无论如何装不像的,学不出来的。因此我们说要学习爱,首先当然是从本质上学起,从内在学起,只有美好的心灵才可能做出美好的行动。一颗自私、冷漠、丑恶的心是不可能做出爱的行动来的。

但是,另一方面也要看到,有的人虽有爱心,也愿意帮助人,但他在行动上和人接触很少,不懂得经常与人沟通,交流自己的感情,羞于用语言、表情向人表达自己的爱,就无法让人了解他的想法,理解他的一颗爱心,没有能力表达爱,或不知道用怎样的行动传递自己的爱,也不能达到爱的目的。因为你所爱的人并未收到或感到你的爱,怎么会产生相应的效果呢?因此我们除了要有爱心之外,还需要学习爱的表达、爱的传递。这样就会产生巨大的力量,引起爱的共振。

2. 爱的沟通

沟通是保持良好人际关系的最重要手段。好多事之所以被弄坏了,人们之间产生了误解和隔阂,其毛病往往就出在缺乏及时沟通上。

很多人有一个坏习惯,就是不喜欢主动与人沟通,以为那样会失去自己的面子和身份。以为只要自己没做错事,对别人也无所求,就不必要"低三下四"地去"讨好人"。似乎觉得主动与人沟通打招呼,就是向人低头,就是没有骨气。如果每个人都有这样想法,哪里还有什么美好的人间呢?哪里有什么爱呢?

我们学习如何表达爱,就应该主动地与人沟通,而不是坐着等待别人与自己沟通,要设法让别人知道自己的情感。人世间有许多美好的情感,但由于一时的误解,人们就会把美好的情感藏起来,不让人们看到,于是人

们有时就会把事情,把某些人看得很坏。并把这些想象的坏事当作真的,去加以攻击,从而恶化了人们之间的关系。

3. 爱的语言

爱的表达在很多方面都是通过语言来实现的,可以这么说,语言是表达爱的主要手段,下面分三个方面来说明。即:口头语言,书面语言,肢体语言。

(1)口头语言

用语言把我们心中的情感,把心中的爱,把自己对别人的感激、理解、同情、支持之情及时说出来,让对方知道,这样这种感情就是真实的与真正客观存在的。否则别人怎么知道你拥有这样的感情呢?所以这里最重要的一点,就是当你有了爱意,一定要说出来让对方知道,不要藏在心里。

对人见面打招呼看似小事,其实大有学问。所以,有时候一声"早晨好!"一声"您好!"会创造出来意想不到的奇迹。因为最低限度,这表示你注意到了对方的存在,并且向对方传递了你对他表示善意的信息。你并没有忽视他,并且也表现了你是一个谦虚而又有礼貌的人。也许有人会说,我不好意思叫人,我开不出口。也有一些人这样想:"天天和他见面,天天叫他,我不怕烦,人家也许会讨厌我。"还有人则想:"每天叫这两声有什么意思呢?虚情假意的,又有什么话和他说。"这些想法的毛病都出在于首先没有建立起打招呼的习惯,因此突然碰到了会表现出一种张口结舌状态,这确实很使人难堪,因而也更需要对"寒暄"的技巧多学习,多练习,成为一种条件反射,那到时候就会一碰面就脱口而出,几乎不用思考。事实上寒暄不仅是一门技巧,也是一门艺术,短短的几句话,可以使人产生很平和的心态,松弛了整个气氛。所以虽然看起来那么几句无关紧要的"虚话",而事实上都事关重大,没有它的润滑,后面的谈话就进行不下去。

礼貌地打招呼，仅仅是一个入门。更重要的是，我们要勇于把自己对别人的爱意，大胆地用语言说出来，千万不要怕羞，不要被"难以启齿"这道门槛挡住道。因为只有你启齿情况就会就完全不一样，至少别人会更理解你。

用语言表达爱，除了礼貌打招呼外，及时说出自己的情感和爱意；还有很重要的一点，就是在与人交谈时，一定要尊重对方。有的人在与人交谈时，不管对方对这个话题是否有兴趣，夸夸其谈，不让对方有插嘴的机会，更有些人喜欢在谈话中炫耀自己的能力和才华，突出自己的优点，突出自己的优越条件，无形中就贬低了对方，使别人觉得似乎比你低了一头，使他感到惭愧和内疚。还有的人不喜欢倾听别人的意见，当别人说话时，总是心不在焉，显得不耐烦的样子，这些都是不尊重人的表现。

（2）书面语言

在我们日常生活中，书面的交流也常常起了口头交流不能替代的作用。特别是许多无法启齿的心里话，通过书信传情，会起到意想不到的效果。一位法兰西的伟大母亲的事迹非常感动人。她是一位孤独的母亲，她失去了丈夫，也没有亲戚，十多年来她顽强不息的苦干，挣点钱来买面包，付房钱和为她16岁的儿子付学费，她含辛茹苦地扶养着儿子，一心希望他长大成为一位大人物。直到后来，儿子才知道她身患糖尿病，并一直瞒着他，她是那样的疲劳和虚弱，只因对于儿子前途的憧憬，才支持着她顽强地活了下去。而儿子为了让母亲更多地享受孩子成功的快乐而拼命努力，和时间赛跑着。

二战爆发，儿子参了军，投入反法西斯的战争。参军不久，就接到了母亲的来信，信封上写着"戴高乐将军转交"的字样，此后一直到胜利，母亲的信一直无休止地按时给他寄来。跟着儿子转战各国。三年多的时间

里,母亲说话的气息通过信纸传到儿子的心上,他感到自己是被一种强有力的意志和情感支撑着。这是一根空中的生命线,母亲用一颗更英勇的心灵,把她的勇气转入儿子的血液中。终于有一天巴黎解放了,儿子可以回家了。但当他回到旧时的住处时,发现没有一个人与他打招呼,他们都不认识他。原来他母亲在三年零四个月前就已经离开了人世,但是她知道儿子需要她,没有母亲的支持,他不会像一个法国人那样勇敢战斗。因此她在临死前的几天中,写了近250封信,把信交给一位瑞士朋友,请他定时寄给儿子。就这样,在母亲死后的三年半时间里,儿子一直在她身上吸取着力量和勇气,使他终于成为一名坚强、勇敢的战士。

这个故事告诉我们母爱是多么伟大,她对儿子的无私奉献和给予,丝毫无所求。母亲的心像一泓见不到底的盛满爱的深潭。那里滋润的清泉,源源不断地流到儿子的心田,不断供给儿子心灵的养料。唯一目的是把他塑造成一个真正的人,而这一切都是通过书信去完成的。

书信竟能在不同的空间,也能在不同的时间传递爱的信息。这说明书信的作用,有时候会成为不可替代的、表达爱的一种重要的渠道。

(3)肢体语言

既不用发出声音,也不用文字传输信息,而是用人身体中各种器官、眼睛、鼻子、嘴、脸部表情,整个身体的姿态,手势表达自己的情感。其实哑语也是一种适用于聋哑人的肢体语言。例如我们平常的握手、敬礼、接吻、拥抱等都是最普通的肢体语言。

我们最常用的肢体语言就是微笑,它不仅给人一种友好、愉快的感觉,而且还为不少重大事业服务。

一位哲人曾经说过:"微笑是两个人之间的最短距离",让我们大家经常用微笑表达我们的爱心吧!

各个民族都有自己不同的抒发感情的手段。对不同年龄段的孩子也要用不同的肢体语言。例如对于上小学年龄段的孩子,大人喜欢摸摸他的头,把他拉在身边拍拍他,这时候孩子心里会产生一种被爱的感觉,一种幸福感,亲切感和安全感。上幼儿园的孩子则不但要求摸头,拍身体,还要求大人抱抱他,亲亲他的脸蛋;上中学的女孩子中要好的同学喜欢手拉着手,手挽着手地在街上走。男学生虽然不这样,但在要好的同学之间喜欢亲密地你拍我一下,我捅你一下,有时把手搭在对方肩上并排而行,甚至嬉闹追逐。而老师有时拉一下学生的手,拍拍学生的肩,都会使学生产生一种亲近感,觉得老师是喜欢他的,有时候这样一个动作,学生会记住一辈子。

在家庭范围里,这样亲近的事就更多了。孩子依偎在父母的身上是经常的;女孩子出门拉着妈妈的手,大人搭着孩子的肩出门也是常见的。这样一些小动作,是无法完全描述的。但有一个总的精神是肯定的,这就是表达爱的一种重要方式,是人的心理需要。它能使我们彼此更亲密,更靠近、更友好。正因为肢体语言是这样重要,所以在社交场合,在人们见面的时候,握手就成了全世界通用的礼节。

(三)爱的奉献

1. 父母与家庭。

(1)父母是孩子第一任老师。

父母给了我们血肉之躯,给了我们精神支柱,但这并不是父母给予我们的全部,细想起来,我自己怎么会成为现在这样的人?具有这样的品德、学识、能力?拥有现在如此这般性格?这一切一切都是从哪里来的?谁给了我们这样的本领?使我们拥有这一生也吃不完,用不尽的财富呢?在这些慷慨的施予者中,自然少不了社会,少不了老师,少不了学校和与自己交往的那些人们,但我们不要忘记,这第一个最重要的谁也不能替代的施予

者,那就是我们的父母。父母是我们生命旅途中的第一任老师。是他们一点一滴地、细水长流地教会了我们如何走路、如何说话、如何吃饭、如何拿筷子、洗脸、穿衣服、如何与人交往……具有了这样一切最基本的生活技能和行为习惯,社会交往和礼仪,才使我们成为社会人,自由自在地生活在这个社会上。

每一个父母都在为自己的孩子心甘情愿地牺牲自己的时间、精力和心血,这一切是多么不易,作为一个孩子,想不到、看不到、不会体会、不知感激是应该羞愧的。

另一些孩子对爱的理解以为只有百依百顺才是爱,而不知道严格要求,严格训练是更高层次的爱。因此有些孩子听不得一点批评,只要父母一指出或试图纠正他们的缺点,他会立即和父母顶撞起来,吵闹不休,有的因此怨恨父母,说父母根本不爱自己。但是当他们一旦长大成人,取得成就的时候,他们才会意识到自己过去顶撞父母是多么的不应该并伤了他们的心。对于这些年轻的孩子来说,与其将来后悔,何不现在先认识到这一点,在与父母密切配合,既享受父母的爱,也为父母付出自己的一份爱。

总之,任何一个家庭,都是由父母和子女两大部分组成的,他们之间沟通的主要纽带,就是这个"爱"字,这日常的、平易的、溶在不知不觉的关怀、爱抚、体贴的一言一行中的爱,并没有贴上标签。然而任何一个人只要细心一点就可以体察到这个可爱的家庭中,爱是无处不在的,无时不在的发生的。这种情感,这种爱是没有任何东西可以替代的。它不受时空的局限,哪怕你正在天涯海角,你仍然可以感受到这份爱与你同在。

(2)家庭是风雨庇护所。

当人们劳累一天后,是多么需要一个歇脚的地方,那温馨的小屋,那宁静的灯光,所能给予人的是一种安全感,归宿感。特别是那种暴风雨的夜

晚，当你从大街上匆匆而归，踏进家门的第一步时，你在心里会宽慰的说一声"到家了"。在这小屋里面，你完全可以不去理睬那窗外呼啸的北风与那白茫茫的漫天大雪，那刺骨的寒冷却已在家门之外，你只要坐在沙发上享受你的温馨就可以了。一切疲劳这时都丢在了门外，你变成了一个精力充沛的人了。

于是有人说："家是什么？家就是你流浪在外时最想念的地方。""金窝银窝不如家里的草窝"就是这个意思，也有人说："家是你碰到挫折的时候觉得最温暖的地方。""家是你快乐的安乐窝，烦恼时的出气所。""家是地球上最安全的地方"，是一个"可以容纳我一切的地方"。家是唯一可以不戴面具的地方，储藏喜怒哀乐的地方，在那种只有讲假话才能生存的时代，家里唯一可以真诚交流和说真话的地方。每个家庭成员，在家庭中扮演的角色是各不相同的，担负的责任也是各不相同的。然而他在家庭里是一个有机的组成部分，有责任使这个家庭成为和谐、温暖、愉快、舒适的义务都是相同的，因为一个幸福的家庭是以每个成员都获得自己的一份幸福为基础的。每一个家庭成员都应该献出自己的一份爱。这样这个家庭就会充满阳光。然而有的家庭却不是这样的：有的成员是一味地操劳、贡献，有的成员却只是不停地索取，享受和收获。这并不符合人类组合的规律，也不符合人类的本性。如果这个世界只有年老的人在劳动，而年轻人却是过着寄生虫的生活，那么这个世界就不能前进，终有一天会灭亡；如果一个人只会享受不会奉献的话，那么他永远也尝不到真正的快乐，因为他永远也看不到自己的价值。体验不到生活的本义，从而失去了做人的尊严。他会感到自己是一个无能、无用的人。这无疑会给他带来痛苦，因而他就不会有真正的快乐。

家庭是每个人降临人间后生活在世界上第一个小社会，小环境，是赖

以生存的起点。将来要进入大社会、大天地，并且自如地适应那个大环境，就必须从小时候起，从家庭里得到享受，学会奉献，既享权利，又尽义务，既享受被爱，又能爱别人，只有这样才能真正完成作为一个人的责任。

要记住，尽管父母给予我们无限的爱，尽管家给予了我们无穷的温暖，但任何时候都不要忘记了自己的责任，不要忘记自己是家中的一分子。是家庭中的主人而不是客人。有一位哲人说过这样一段话："把忠心献给国家，把孝心呈给父母，把爱心献给家人和朋友，把虚心恒心掏给学生，把信心和诚心留给自己。"这就是我们应该遵循的一种为人之道了。父母也需要从子女处得到爱，因为他们也只不过是有血有肉的凡人，绝不是神仙，更不是钢筋铁骨的超人。他们同样有喜怒哀乐，同样有挫折和烦恼，也会犯错误，也有软弱的时候，他们也需要爱，需要安慰和帮助，只要明白了这一点，我们才会明白，在家里付出自己的一份爱，多尽一点责任和义务，对于父母是多么的重要。孩子的爱，在父母的心中处于多么高的地位，是多么的重要，孩子的一举一动在父母心中是永远不会忘记的。

（3）双向关爱。

家里没有神，家里所有的成员都是人。都有缺点，都会犯错误，因此绝不能说，家庭中的一切矛盾、困难和过错都应该怪罪孩子，好像大人样样都对，不会做错事，而孩子就总是错。事实当然不是这样，因为父母同样会做错事。他们中有的人文化水平不高，有的甚至道德水准也不高，有的教育孩子的方法不对头，有的甚至还会埋怨和委曲孩子，无理地打骂孩子。碰到这种情况，我们应该怎么办呢？首先我们应该想到的是，除了特例之外，几乎十个父母就有十个父母是爱自己的孩子的。但是由于父母本身的文化素质和个性不同，因此对爱的理解和爱的表达方式也各有不同。有时会和孩子的需要脱节，产生出许多的矛盾和冲突，这就需要孩子和父母进行双向

的沟通，把相互的理解和关心，相互尊重，彼此之间担负起责任来，才能使我们之间发挥最大的效应。也就是让我们的爱融在一起。

爱是双向的，理解也应该是双向的，我们不能光要求父母理解我们，也应该尝试去理解父母。我们是不是具有爱的能力，很重要的一点是我们是否善解人意，能否容纳别人，特别是和我们朝夕相处的父母，我们也应该在自己的心里问一个为什么？为什么父母会这样看我们？为什么父母不能理解我们？我们只要细细地观察一下，细细地想一想就会发现，这实际是由于他们对我们过度的爱、期望和担心而造成的。那为什么不把我们的真实思想告诉他们呢？你把心里话讲出来，取得他们的谅解，也许可以借助他们丰富的社会经验为我们提供咨询和帮助呢。

父母和我们生长的年代不同，他们具有那个时代的政治文化和教育背景，有那个时候的特点，那个时代的理想和追求，那个时代处世哲学的标准。再加上他们奋斗了一生，已进入了中年，他们在生活经历与思想上却已经成熟，考虑问题的角度自然与青年人不同，加上他们的体力与精力已不能和轻年小伙子相比，因此要求他们所行所想，所喜所爱完全和青年人一样是不可能和不近情理的。更重要的他们有一副家事重担在肩，上有老，下有小，柴米油盐，鞋帽衣袜，样样都得安排妥帖，与无拘无束，一身轻松的青年人有着本质的区别。因此在要求父母尊重孩子的感情，尊重孩子日渐长大而产生的独立意识的同时，也应该要求孩子同样尊重父母的感情，尊重他们的理想和追求，尊重他们对子女不同的爱的方式。

爱是必须经过考验的，一谈到爱，许多人都会误以为这必然是一个没有矛盾，没有冲突，没有困难也没有问题的境界。所以一发生矛盾和冲突，一听到不同的意见，他们就会惊慌失措，以为爱不复存在了。事实并非如此，即使是非常深沉的爱，也不会没有矛盾，因为世界上没有绝对相同的事

物,而差异就会产生矛盾,而矛盾则推动着事物的发展,因此我们在付出爱的时候,也要准备接受种种矛盾、困难,承受爱的负担和考验。矛盾是无处不在的,我们要解决矛盾而不是逃避矛盾,父母与子女之间的矛盾的解决使他们之间的爱又上了一个新的台阶,爱更成熟了。妈妈就像一只护雏的老母鸡,孩子则是一只翅膀渐渐长硬了的小半大鸡,随时都想出去闯一闯,父母与子女的矛盾是不可避免的。但是只要站在爱的基点上,一切都能迎刃而解。母亲意识到了儿子的长大,不能给予太多的干涉。应重新调整自己爱的方式来平息儿子日渐产生的逆反心理。在各自调整的过程中,他们都学会了正确的爱的方式。

家是社会的细胞,是我们每个人一刻也不能离开的地方,你可以长时间的离开它,但你仍是家中的一员,你可以千万里的离开它,但你的心仍在家里。家并不需要豪华、富丽,家需要的是温馨、和谐、理解、心心相通,也就是爱。

2. 友情与爱情

(1)友谊的魅力

一提起友情,大家在头脑里就会出现一连串的联想:是否两个人整天在一起,同进同出就叫友情?两人之间,是否我需要你,你也需要我就叫友情?怎样才算好朋友等等。其实友情不在于表面接触的多少,也不在于双方有多少共同利害关系,或各自可以提供给对方多少实际的帮助。友情属于情感的范畴,它是心与心之间的相撞与共鸣,是深深地理解和信赖,是人生的止痛药。我们有了忧愁和痛苦向朋友倾诉时,一下子会感到轻松了许多,至少我们的朋友可以帮助我们分担掉一半,而当我们有快乐与朋友分享时,一份快乐会变成两份快乐。友情又是一种美的创造,一种精神的力量,得到友情意味着得到爱和温暖,同时也必然将自己的心中的热情和关切给

予别人，于是成为精神富有者。

人是社会性的人，离开社会不依靠任何人，那是无法生存的。人和动物的不同，在于人有理智和情感，人有社会属性。生活在一个社会里的人需要帮助和友爱，人类需要彼此相扶。培根说过："喜欢孤独的人，不是野兽便是神灵。"又说："没有友情的社会，则是一片繁华的沙漠。"

事实上人一旦脱离了人际交往，人便很难再活下去。英国有一本文学名著《鲁滨孙飘流记》，讲的是鲁滨孙因为风浪击沉了他所乘的船，一个人登上了荒岛，他生存下来了。这是因为他拥有从大量破船上搬下来的工具、种子，甚至狗和猫，虽然他是孤身一人，但他仍没有离开社会供给。即使如此，孤独仍旧是他最大的敌人，于是他养鹦鹉，教它说话，以便听到人类的声音，后来他趁吃人部落在他的孤岛上举行仪式时，救了一个黑人，他给他取名为星期五，他教他说英语，于是他又进入了社会，有了朋友，日子好过多了，但是最后他仍旧放弃了岛上的一切，乘第一艘经过这里的船返回了英国。故事说明，人一旦离开了社会便无法生存。

友情是可贵的，但青少年时代的友情是最珍贵、最纯真、最难忘怀的。因为在人的一生中，能以同龄、同辈、同班同学那样每天从早到晚都生活在一起的机会是不多的。幼儿园时，虽然也是在一起，但更依恋的是父母；小学时，大家虽也同在一个班，但每方面还是要信赖家长和老师。只有进了中学，我们开始逐步踏上了独立的道路，开始了与成人保持一定距离，我们更需要同龄人的友情。没有人能比同龄朋友给予我们更多的东西，因为共同长大、共同成熟是最坚实、最合适的友情基础。

（2）友情的基础。

牢固而持久的友情，不在于相互有多少共同的利害关系和接触的长短。有时我们之间仅仅几次见面，就彼此不能相忘，这是一种个性的吸引，

117

气质的补充，人品的相谐。谚语云："物以类聚，人以群分。"又说："酒逢知己千杯少，话不投机半句多。"这是说友情的核心。和酒肉朋友完全不同的是：真正的友情都有其共同的思想基础，他们对世界、对人、对己有共同的相似的看法，有共同的志趣和追求，是这些深层的东西将他们紧紧地连接起来，不能分开，直至为友情做出最大的牺牲。

当然和人世间同时存在的还有另一类的朋友。他们相处的基础是吃吃喝喝，互为利用的所谓朋友，当你有权有势，有吃有喝时，就会有那么一群人像苍蝇叮臭肉一样逢迎拍马，挥之不去，当你一旦倒霉就会落井下石，或逃之夭夭。还有一些哥们，不分是非，只知"义气"，可以为罪犯两肋插刀，全不顾法律的尊严，拉帮结伙，以危害他人为乐事，置小集团的利益于一切之上。这种人常标榜自己"够朋友，"而这种"朋友"和纯洁的友情之间，相差何止十万八千里。

（3）友情的平等与宽容。

获得友情的首要条件是以平等态度待人，尊重别人。不能平等待人的人是很难获得友情的。至高无上的皇帝，虽然有无上的权威，享尽人间荣华富贵，却永远享受不到友情这杯美酒。他手下的臣民或是畏惧他，或是讨好他，总是拿假面具给他看，他听不到真正的声音，于是他无可奈何地把自己称为"孤家"、"寡人"。过去那些达官贵人，表面上看前呼后拥，让人包围得团团转，好不热闹，其实却是非常虚弱、寂寞和孤独的。

要得到友情必须学会平等待人，能宽容别人。要有勇气地把自己的一颗爱心无私的奉献给别人，而不是一味企求和等待别人爱，要敢于首先把自己的手伸出去，然后才能握住别人的手。我们当然知道不少同学并不是自私，也不吝啬，甚至也乐于帮助别人，但是他却不敢首先把这美的愿望表达出来，因为他怕羞，怕别人说自己是"自作多情"，是"拍马屁"。因此他们

宁可装得高傲，时刻以尖锐的语言戒备着，而不愿意将笑脸，将温馨给予别人。幸而并不是人人都是这样想，否则我们的世界将因此变得暗淡，没有阳光。我们生活在这样的环境中会有什么欢乐呢？所以还是从自己做起，由我们把友情馈赠出去，从而得到友情的回报。淋浴在温馨之中。

(4) 爱情尚未开始。

婚姻有三个条件：是爱情、责任和法律。不是随便两个男女愿在一起就可以成为夫妻的，只有经过结婚登记的法律手续，才能建立起合法的家庭来。这样的婚姻才能得到亲友和社会的认可。而一旦婚姻成立，双方就必须承担起责任，不管发生什么事，你都得为对方负责。

而不正确的恋爱观，往往有它的共性，即是一个"贪"字。不是贪图对方的钱财，就是贪图对方的地位。富有的家庭，海外的亲友，潇洒的外表，美丽的容貌，表面的温馨体贴，以至于色相引诱，结果不光是只有姑娘上当，在现今社会，上当的男孩子也大有人在。他们为什么要自投罗网呢？其实道理很简单，也就是所谓"一叶障目不见泰山，"只看到眼前的五彩缤纷，看不到更远一点的陷阱。就像一朵鲜花不到季节不开一样，爱情不到时候也不宜出现，否则只会枯萎。

高年级的同学们，正是进入青春期的时候，生理和心理上都有了巨大的变化，开始产生对异性的好奇和兴趣，直至对异性的朦胧的向往和爱慕，这是青春期的正常心理表现，但这并不是爱情。

其实，人到了青春期这个年龄，情绪是极不稳定的。每个人都会有这样的体会，有时短短几分钟内，情绪会发生180度的变化，一会儿高兴得发狂，一会儿又焦虑和忧愁，在交朋友方面也不稳定，今天和这个好，但明天又会为一些小事和他闹翻，过一会儿又好上了。总之，这个时期是不稳定、不成熟、不定型时期。人的心理从对父母的信赖、依恋中挣脱出来，渴求独

立，就像一个刚会走路的孩子一样，会走，时常要跌跤，这个阶段的人真是日长夜大，天天在变，眼界也在不断扩大，昨天认为美好的东西，今天就不一定这样认为了。

人就是这样，随着年龄的增长和不断成熟，人们心目的偶像和审美的对象，倾慕的人是会不断变化的，这是一个自然规律。因为这个年龄层的人往往缺乏理智，有时一时冲动，甚至会做出不顾后果的错误行为，产生早恋行为。其实这种早恋和成年人之间的以终身伴侣为目标的爱情是有着本质区别的。它是一种青春期的心理萌动，缺少理智的控制。因此它的后果总是伴随着成绩下降，个别甚至因冲动而犯错误，造成终生悔恨。而随着年龄的增长，原来的恋情会发生变化，成为无意义的事情，浪费了宝贵的时间，又耽误了学习，真是太不值得了。

对于一个中学生来说，人生的道路还远着那，我们目前正在人生的学习阶段，不宜过早地谈恋爱，否则，即使不造成悲剧，也可能是一个痛苦的回忆，或令人可笑的蠢事。中学生在这时期正处于德、智、体各方面成长与成熟期。我们没有理由不珍惜我们的青春年华。

3. 师生情谊。

在人生漫长的旅程中，大约需经历三个阶段。即青少年阶段、中年阶段、老年阶段，也可以说经历成长阶段、创业阶段、天伦阶段。成长阶段又是人的黄金阶段、学习阶段。这个时期我们自然把老师当成我们的第二父母，把学校当成我们第二个家。老师把自己的知识、道德传授给学生，最大的愿望是希望有朝一日能青出于蓝而胜于蓝，当学生超过老师时，老师有的不是妒忌而是高兴，因为在学生的成功里包含了老师的一份心血，学生的成功，是老师未竟愿望的实现。我们每一步的成长，都离不开老师的教育。老师把前人所有的智慧和经验的结晶综合起来教给学生，在灵魂上培养

学生成为高尚的人，使他能够理解世界上所发生的事，能够站在"巨人的肩膀上"展望未来，取得成就，跨过历史的台阶总结过去。凡此种种都和老师辛勤劳动分不开的。老师给予我们智慧，教会我们做人，培养我们具有一个现代人所应有的各种优秀品质，我们不能不因此对老师表示尊敬和感谢。

老师对学生的爱是纯洁的、无私的、平凡的。他没有虚伪、欺骗和谎言，没有市侩气、铜臭味。他总是付出，默默地奉献，而不想到回报，师生之间的感情完全是一种精神的交流，表面看起来平淡如水，而内在却蕴藏着无限的深情。师爱是兼有父爱的严格、母爱的温柔和那种朋友式的平等的爱，是一种复杂又深厚的爱的综合。

（1）父爱式的严格。

大多数人都知道爱是温柔的，仁慈的，却不知道严格也是一种爱。爱本身的含义除了关心、尊重、理解之外，它也是一种责任。而责任则是更高一个层次的爱。如果说关心是对所爱的人的一种关注、爱护、尽自己的能力去帮助他的话，那么责任不仅要帮助他，还要负责到底。如果帮助没有效果的话，内心就会感到内疚与不安，因此责任是更高要求的爱。

严格是以对学生的责任为出发点，教师不仅要教学生，而且一定要教好。不仅对他现在的表现负责，还要为他终生考虑，否则就会有永久的自我谴责。

一个人的成长，有时候就像炼钢一样，要经过反复锤炼，所谓"百炼成钢"就是这个意思吧。人经过艰难困苦的磨炼才会变得更坚强，不经风雨，不见世面何能出人才！逆境出人才，有时几乎成了一条"规律"。这就是需要严格要求的道理。但是严格不是严厉，不是一味惩罚，甚至打骂。更不是对人格的侮辱，讽刺挖苦。严格是坚持对孩子的正确要求，当一时达不

到要求时，不是姑息迁就，不是放低标准，而是通过反复的训练，用磨炼去克服困难，去超越障碍，最后达到成功。

（2）母爱似的慈祥。

教师在学校里不仅要严格的管教，使孩子成才，同时还要承担母亲的角色。母爱式的师爱使教师的严格要求变得易于理解，易于贯彻，使孩子心甘情愿地去接受她，按她的标准去做。

（3）朋友式的平等。

师爱还应该是兄长式的，朋友式的，是一种在人格上完全平等的爱。教师爱学生，不是要把他置于自己支配和控制之下，一切听从自己的指挥和命令。因为这是一种占有，不是真正的爱。真正的爱是为了学生，为了让他将来成为一个有独立人格的人。占有和控制只能培养奴隶，而不能培养人。因此虽然老师年长和富有经验，但他们和学生在人格上却是平等的。只有像朋友式的那样在人格上对学生尊重，才能促使他们成长得更好。如果在人格上不平等，一个总是压制着另一个，那另一个心理必然会产生扭曲。因为在压力之下，被压制者怎么能健康成长呢？一个被人尊重的人才能学会尊重别人。因此强调对学生的尊重，强调师生在人格上平等，这是师生之爱别于父母之爱的一个显著的特点。如父母有时控制不住自己的感情要打骂孩子，但做老师的却绝不可打骂学生，老师如果说了污辱学生人格的话，就要受到批评与责难。老师和学生之间，特别是和大一点的学生之间，有时就是他们的朋友和参谋，这种朋友式的爱是非常感人的。这种相互之间的尊重、信任和关心的爱，就是师生间特有的朋友式的爱，这种爱对学生的成长和老师的教导是非常有利的。

（4）老师不是超人。

有的学生习惯地把老师看成是非同常人的超人，没有自己的需要，自己

的感情，自己的喜怒哀乐，甚至没有自己的生活。这当然不是事实，老师和学生一样都是有血有肉的人，他也像普通人一样要吃饭，要养家糊口。要培养自己的孩子，要干家务活，他们除了教书外，也有自己的生活，也会在生活中遇到困境，烦恼的煎熬。他们也有软弱的时候，当遇到不顺心的时候，他们也会痛苦，也会流下伤心的眼泪，他们也需要别人的帮助和安慰。当你帮助了他，他也会快乐和感激。我们要理解这点，像理解一个普通人一样去理解自己的老师，才能进一步沟通我们与老师之间的感情。

我们应该教育孩子，正确地对待老师的缺点和问题。我们从小就应该让孩子知道，人都是有缺点的，就如同每个人都有自己的个性一样。老师有缺点，并不影响我们对他的爱，否则世界上就没有可爱的人了。我们要学会理解和宽容。例如有的老师在课堂上讲课，尽管他事先备了课，但有时也会出现差错，这时老师会很尴尬，许多懂事的孩子就会发出会意的笑，他们一点也不错怪老师，而且帮助老师把问题搞清楚。当然对于老师来说，在某些问题上"卡壳"也不必尴尬，完全可以坦白地对学生说明这一问题，自己一时未讲清楚。下一堂课再答复他们，这样学生也一定会谅解的。师生双方通情达理，才有双向的爱的交流。

有不少老师，为了个别学生不认真听课、成绩不好、或犯错误而大发脾气、责骂、甚至体罚学生。这当然是不对的，也许这位老师回到家里一个人静静沉思的时候，他会感到内疚、自责和懊恼，甚至会痛恨自己的无能。但不管怎样，此时此刻我们要看到问题的实质是老师教育有了麻烦和问题，学生在成长中出现了困难和烦恼，老师不知该用什么办法去解决这些问题。这时就需要师生双方的互相理解。是人，总会有缺点。学生身上有缺点，老师用不正确的方法去对待他也是缺点。有缺点用不着大惊小怪，师生之间出现了矛盾和分歧，可以心平气和地进行讨论和交流。我们可以一

起去帮助那位学生，也可以把自己的想法，善意地向老师提出建议，使问题得到圆满地解决。我们不要过分计较老师一时的误解和惩罚，因为一般来说，老师不会有意地去伤害一个学生。因为教好学生是他们的责任，学生的成长也是他们的光荣和骄傲。同时我们也要看到，毕竟从整体来说，是他教会我们读、写、算及各种知识，激发了我们的智慧，把我们从不懂事的孩子，教育成为有知识、懂道理的人。因此，我们还是应该感谢老师，原谅他的某些缺点和错误。及时消余彼此之间的矛盾。

成熟的爱，不是在风和日丽的海滩上散步，而是要在惊涛骇浪中经受考验。爱并不是没有矛盾、没有缺点、没有争执，绝不是风平浪静，一帆风顺。爱是一种意味深长的回味。

从上述爱的奉献中，使我们领会到爱父母、爱家庭、爱友谊、爱师生是我们生活中的全部内容，从而引申到爱学习、爱学校、爱社会、爱民族、爱祖国。有歌词云：这是心的呼唤，这是爱的奉献，这是人间的春风，这是生命的源泉，只要人人都献出一点爱，世界将变成美好的人间。只有爱才能使我们生活幸福和快乐，只有爱才能使我们健康的成长。

第三讲　习惯与行为

班主任指导家长教育子女时，要和家长一起培养孩子养成良好的习惯，形成良好的行为。怎样养成良好的习惯呢？

一、习惯的养成

著名教育家叶圣陶曾说过："什么是教育？简单一句话，就是养成良好的习惯。"父母的职责是教育孩子，而教育孩子的关键就是培养孩子的好习惯。日本教育家福泽渝吉说："家庭是习惯的学校，父母是习惯的老师。"家庭是教育最好的学校，父母怎样教育，孩子就养成怎样的习惯。

习惯，将伴随人的一生，无论学习还是生活，做人或者处事，它以一种无比顽强的姿态去干预生活中的一举一动，从而主宰人生。对于孩子来说，要成就学业、事业，要拥有美好的人生，就必须养成好的习惯。

儿童时期是形成习惯的关键时期，尤其是三至十二岁的孩子。孩子的心灵是一块神奇的净土，你播种一种意志，就会收获一种行为；播种一种行为，就会收获一种习惯；播种一种习惯，就会收获一种性格；播种一种性格，收获一种命运。只有在孩子年幼的时候培养孩子好习惯，孩子将来才能成为一个真正的全面发展的人。如果父母在孩子关键期没有注重良好习惯

的培养，当孩子养成坏习惯的时候，父母后悔就来不及了。

一位教育家说过："一个人养成好习惯，一辈子都用不完它的利息；一个人养成坏习惯，一辈子都偿还不完它的债务。"如果你为孩子培养一种好习惯，那么，它就会处处让孩子看到未来的生活的希望，在通往成功和梦想的道路上，它会成为孩子灵感的源泉，成为开启智慧之门的金钥匙。我们做父母的，也许不能给孩子万贯家财，但如果给孩子一个美好的童年，使孩子从小养成一个良好的习惯，就会使孩子多一份自救，就会使孩子多一份享受生活的能力，就会使孩子多一份积极的人生，就会使孩子多一份成功的机会。

习惯是人们在一定环境下自动的去进行某些活动的特殊倾向。它实际上是通过重复或练习而巩固下来并变为完成某种动作的一种需要。习惯不是天生的，也不是遗传的，是后天获得的趋于稳定的动力定型。

习惯形成的原因，主要是由一定的刺激情景与个人的某些动作在大脑皮层上形成了稳固的、暂时神经联系。这样，当人们在同样的刺激下，条件反射的链锁系统就会自动出现。人们就会自然而然地或自动地进行同样的有关动作。由此不难看出，人们习惯形成是人们长期实践的结果。要想培养良好的习惯，必须有目的地在日常生活、学习中进行训练。要想改变坏习惯也要在生活中逐步改变。改变坏习惯要比培养好习惯难得多，所以在孩子还没有形成坏习惯之前，就要早下手养成好习惯，让好习惯占领这个市场，坏习惯就没有藏身之地了。为此，应注意以下几点：

首先，改变那种漫不经心又视而不见的坏习惯。有些青少年朋友对自己的一言一行不太注意，常常抱着无所谓的态度。久而久之，等一旦有所察觉，不良习惯已经形成，再来改正，则要花费很大力气。我们应当注意自己的一言一行，发现苗头及时采取措施。针对自己"一曝十寒"的毛病，可以

学学齐白石"不教一日闲过"的精神;针对自己"事事自负"的缺点,可以学学牛顿"大海与贝壳"的胸怀;针对自己"处处自卑"的弱点,可以学学《居里夫人传》等著作;如此等等。这里,我们也不排斥别人对自己的督促与帮助。

其次,克服不良习惯要持之以恒。良好习惯不是一两天就能养成;不良习惯也不是一两天就能改掉。这就需要恒心。习惯是一种能给人以快意和舒适的定向性行为。为了克服不良习惯,应当在戒除恶习的同时,培养起同样使你感到快意和舒适的良好习惯。问题在于这一切说起来容易做起来却不易。这里会有痛苦,会有因改正不良习惯而带来的不习惯,因此持之以恒,就显得举足轻重了。有人说"习惯即聪明",这习惯当然是指良好习惯。聪明人不一定没有不良习惯,而在于他能持之以恒地克服身上的坏习惯。

再次,克服不良习惯时最好事先有个计划。在奔向成功的进程中,一错再错是最应当忌讳的毛病,而这又是一部分青少年常犯的毛病。不良习惯才改正不久又重犯,这就是一错再错的表现。这种毛病曾使不少青少年十分烦恼,甚至无可奈何。怎么办呢?有个好办法,那就是事先确立一个改正计划。有了计划可以及时对自己克服不良习惯的情况作出检查评价,不给自己创造重返恶习的条件。订个计划还可以使克服不良习惯确立起可行的目标。当第一个目标实现后,计划能帮你树立起更长远的新目标。一般来说,想重返恶习的冲动,常在一段时间(比如3—10分钟之后)便会有消退的可能。所以,一旦有了这种冲动,可以按计划用其他活动使之转移,以取得最佳效果。总之,有个计划对一错再错的毛病,能更深入地追踪其原因,能更清醒地从中吸取教训。我们应该注意到,习惯有迁移特性。就像标准件一样,一个标准螺丝在这台机器上能用,拿到另一台机器上也能用。习惯也是这样,一种好的生活习惯(比如养成良好的爱劳动习惯)它在学习上同样

是能积极的认真地去应用，养成生活拖拉的坏习惯，在学习上同样做作业拖拉马虎的。实际上，学习上、生活上、事业上的习惯是通用的，都是可以互相迁移的、互相促成的。为了便于掌握和操作，我们把习惯培养分开来讲，即生活习惯、学习习惯、行为习惯。这里特别指出习惯是一个庞大的家族，凡有生活的地方就有习惯出现（包括好的和坏的），我们可以举出上百千个不止，我们只能就主要的、和孩子相关的提出一些。这些好习惯养成了，对其他习惯有影射作用和迁移作用。现在分别谈一下

（一）教育孩子学会如何花钱

现代社会中，孩子不会花钱是很难适应纷繁的社会生活的。学会如何花钱是孩子人生旅途的必经之路。

不少爱子心切的家长，在给孩子越来越多的物质满足的同时，却陷入了困惑：孩子在一天天长大，不给零花钱似乎不合理，给零花钱吧，又怕孩子之间互相攀比，高消费来势汹汹令人难以招架。而且，现在的小孩子花钱都是大手大脚，攀比之风日盛，真是让人担忧。有的孩子甚至以为父母是取款机，有取之不尽的钱，而不知道父母的钱是辛苦赚来的。看来，要教育孩子学会花钱势在必行。在美国，小孩很小的时候就开始通过做家务活来赚取自己的零花钱。而且，大部分的孩子都能够妥善使用手中的零用钱，而不是随意乱花挥霍。因为这是他们自己的劳动赚来的，所以特别珍惜，知道如何把钱用好管理好。而在中国，消费教育却依然是一个盲点。家长只关心孩子的健康和学习成绩，却往往忽略了孩子的消费教育。使用金钱不当给孩子带来的影响是不容忽视的。所以，要做到真正的节约，首先要改变观念，树立正确的金钱观。要教育孩子正确认识金钱的意义。要让孩子从小懂得钱是什么，钱是怎么来的和怎样正确的对待钱财。

（1）要懂得金钱来之不易，学会量入为出。很多孩子不知道家长挣钱

之辛苦,以为钱来的很容易,花起来也不心疼。所以要让孩子知道:钱的来之不易,使孩子懂得一粒米,一滴水,一度电都是辛勤劳动得来的,这样他们花起钱来也就不会过于大手大脚。

（2）要懂得钱不是万能的,还有比金钱更重要的东西。金钱很重要,但不是最重要的,有钱可以买来财物,但却买不来精神和道德;有钱可以买来书本,但却买不来知识;有钱可以买来药品,但却买不来健康;有钱可以买来化妆品,但却买不来自然美、心灵美;有钱可以雇用人替你干活,但却买不来自己的智慧和能力;有钱可以拉拢别人,但却买不来真正的友谊。

（3）不义之财不可取。要教育孩子一定要靠诚实的劳动去换取金钱,任何歪门邪道的钱不能要,决不能私自拿家里的钱,更不能偷别人的钱。

（4）花钱要有节制,不要挥霍浪费。

孩子手中有了钱,很多人总是拿这些钱随意花费,买许多根本不需买的东西,造成浪费。要教育孩子珍惜物品,学会节俭,让孩子懂得所吃、所住、所有来之不易。随意浪费是不珍惜劳动成果实,不尊重劳动的表现。要让孩子经常参加劳动,体会劳动的艰辛。

（5）要有原创性。不管小孩子花钱多少,都要用以下三条标准来衡量:

①是否有效益的使用金钱,财物,消费用所当用。

②是否有利于孩子的发展——形成和建立良好的道德素质、体育素质、心理素质、文化素质。

③是否奢侈浪费。

（6）要有良好的方法。

①给孩子的钱要比孩子所需要的数额稍低为好,而且要定期发放。这种做法是为了将来他们成人之后能适应定期领薪的生活。养成勤俭节约、

积少成多的生活习惯和技能。

②教育孩子学会储蓄。在中国，许多家长有指导孩子存钱的好做法。随着孩子在银行中的存款一年年增加，孩子也体验到一点点成就感。当孩子将一部分积存的钱用于家庭的建设和学费的支出时，孩子也会体验到一些责任感和自豪感。就是在这一次次的体验中，孩子勤俭持家的理财技能也在逐步形成。

③多让孩子实践，培养孩子学会花钱。孩子的消费行为是由被动逐步走向主动，从小学低年级开始就应该教孩子买东西。如何用钱，如何选择物有所值的物品，并学会鉴别物品的好坏真伪。让孩子养成先认真思考再花钱的习惯，避免盲目消费。有些家长让孩子"一日当家"，记收支账，这是教育孩子学会理财，培养节俭的好方法。

④为孩子把关，有计划用钱。给孩子钱后不能不管不问，要让他定期汇报用钱状况。每周给孩子一些零花钱，同时发给一个小记账本，要求孩子记录零花钱的用途、时间。每周审核，以检查孩子的开支是否合理及进行一些必要的消费指导。另外，要鼓励他把零花钱积攒起来，去买心爱的玩具和图书，养成孩子节约的习惯。这样，可以让孩子在存钱、用钱的过程中养成节俭的好品质。

⑤帮助孩子克服攀比心理。比钱比物只能使孩子贪图安逸，失掉勤劳朴实的品质。因此父母要教育孩子克服攀比心理，教孩子比学习、比劳动、比品德。

现在教育孩子支配钱物不是单纯的让孩子学会消费，也是帮助他解决成长中的困惑。培养孩子的花钱意识，能增强孩子的责任感，从而养成良好的消费习惯。

（二）孩子劳动习惯的培养

劳动对孩子身心的发展意义重大。从小热爱劳动的孩子，成年后的生活比不爱劳动的孩子更充实、完美，事业上也更容易成功。

劳动，应该是家长给予孩子最好的教育之一。劳动教育的目的在于培养孩子做人的基本品质和基本能力。孩子一旦养成懒惰的不良习惯，想让他变勤劳就非常难了。因此，家长必须重视孩子的劳动锻炼，从小培养孩子热爱劳动的优良品质。

在现在的家庭里，劳动主要表现为做家务。孩子协助父母做家务，可发展身体和心理的技能，包括可以训练他的观察力、理解力、应变能力的体能。孩子每完成一项家务，他的能力和自信便会向前迈进一步。而通过做家务，孩子也会有参与感、成就感与荣誉感。更重要的是，培养孩子对家庭有份责任心和归属感，培养他独立自主的精神。

然而，现在独生子女多，家长过分宠爱孩子，基本不主张和鼓励孩子做家务。在家里家长包办孩子的一切，在学校，老师也很少安排劳动。这样一来，孩子的劳动机会减少，生活自理能力降低，逐渐厌烦劳动。

【案例】

前段时间，多家媒体报道了"东方神童"魏永康被勒令退学的新闻。这位神童13岁时就完成了小学至高中的课程，以优异的成绩考入湘潭大学，四年后又以总分第二的成绩考入中科院高能物理所，硕博连读。令人意想不到的是，2003年8月，中科院以魏永康不能适应研究生学习为由，劝其退学。

事实上魏永康在学习上的不适应只是一方面，更为不适应的是在生活自理方面，魏永康从出生到去中科院念书之前，一切与生活自理有关的"活"全部被母亲包揽了。目前，已经年满22岁的魏永康，吃饭、穿衣、洗涤、洗脸等都要由母亲帮助。

魏永康的故事，很是让人遗憾。但是，造成这一切的是谁？是父母，如果父母能从小就开始培养孩子的劳动习惯，教育孩子独立，让他能够生活自理，相信他的未来一定一片光明。国外一些名人十分重视孩子的家务劳动。美国富翁洛克菲勒就鼓励孩子从小学会家务劳动，还以部分零用钱作为孩子从事家务劳动的奖励。例如擦双皮鞋5分钱等。使孩子一空下来就抢着做家务。从小养成勤劳节俭的好习惯。可见，从小培养孩子的劳动习惯，对培养孩子的优良人格是很有帮助的。

目前，很多家长只注重孩子的成绩和智力开发，缺乏对培养孩子的独立性和劳动习惯的正确认识。例如认为孩子作业负担已经很重了，不要再给他们增加负担，又认为孩子做不好，越帮越忙，自己还得重做等等。孩子缺乏必要的家务劳动的锻炼，便没有劳动兴趣，就会事事依赖父母，长此以往，孩子便失去了独立能力，给未来的人生发展留下隐患。

孩子是否愿意从事家务劳动以及从事家务劳动时间的长短。将影响其性格的发展。研究表明，从小热爱劳动的孩子，成年后的生活比不爱劳动的人更充实、更完美，事业上也更容易取得成功。劳动对孩子身心发展意义重大。因此，培养孩子从小爱劳动的习惯非常必要。

培养孩子劳动习惯，家长可以从以下几个方面入手：

①做好指导。很多时候，孩子并不是因为懒而不愿劳动，而是家长没有提供机会与相应的指导。所以建议家长多与孩子一起劳动，让孩子在劳动过程中，慢慢掌握劳动的技巧和要领。比如，教孩子系鞋带的时候，你可以先帮他系一只鞋子，然后让他照着做，系好另外一只。

②家长要战胜自己，绝不代劳。很多家长心疼孩子，或者看孩子做得不好，很多时候都去代劳。所以，家长一定要坚持住，绝不代劳，只有这样才能培养出坚强独立的孩子。

③要有耐心。孩子劳动习惯的培养，是一个循序渐进的过程，对于懒惰的孩子，父母也不要操之过急，首先应该冷静下来，分析孩子懒惰的成因，对症下药，对孩子进行耐心细致的教育。

④言传身教，做好榜样。要想培养孩子的劳动兴趣，让孩子勤快起来，父母就要以身作则，做好身教功夫。要知道，榜样的力量是无穷的。

⑤要求合理。家长经常要求孩子分担家务，有时反而会造成冲突，其原因多半来自不当的要求或过高的期望。因此，视孩子的能力而定下适当的目标，才能收到良好的效果。更能培养孩子的自信心和成就感。孩子不可能一下子就把你交代的活做得完美无缺，没做好待下次再干同样的家务时提醒孩子注意就是了。不要唠唠叨叨说个没完，这会打击孩子的积极性。

⑥按照能力安排家务。哪些家务可以交给孩子帮忙，得视年龄和能力而定。孩子三岁前，可以叫他收拾玩具，奠定日后他做家务的基础，三四岁左右，可以做简单家事，如开饭前，帮忙排凳子，分筷子，而后可以叫他帮忙擦桌子。

⑦多加鼓励和肯定，激发孩子的劳动兴趣。

当孩子做完一件家务时，家长要及时的给予肯定和表扬，不要管孩子的劳动质量如何。即使是一种小事，做父母的也要向他们表示感谢和肯定。这样可以激发孩子的劳动兴趣，使孩子从工作中得到成就感和自信心。另外需要注意的是，多用精神奖励，不要用金钱作为交换条件让孩子劳动，这样做不利于培养孩子劳动自觉性和责任感；也不要把劳动作为惩罚孩子的手段，这会导致孩子对劳动产生消极情绪。

相信通过父母和孩子的共同努力，你的孩子一定会成为一个热爱劳动的好孩子。

(三)孩子学习习惯的培养

学习习惯有好坏之分，诸如课前预习功课，上课专心听讲，课后先复习

再做作业等都是好的学习习惯。好习惯能减轻学生的身心负担,能避免注意力的分散,使意志专注于学习之上,进而能极大地提高学习效果。反之,诸如先玩耍再做作业,躺在床上看书,不按笔画要求写字,文具练习本作业本信手乱丢等都是坏的学习习惯。坏习惯不仅增加学生的身心负担,有损于身心健康,而且也会降低学习效果。正因为这样,古今中外的教育家、心理学家都十分注意对学生的学习习惯的培养问题。英国教育学家洛克说:"事实上,一切教育都归为养成儿童的良好习惯,往往自己的幸福都归结于自己的习惯。"俄国教育家乌留斯基则指出:"教育的任务就是培养性格,而性格是由天赋的倾向以及从生活中获得的信念与习惯形成的。良好的习惯乃是人在其神经系统中存放的资本。这个资本在不断增值,而人在其整个一生中就享受着他的利息。"学习习惯养成既然如此重要,那么,怎么才能使学生养成良好的学习习惯呢?

1. 越早越好

捷克教育家夸美纽斯主张,好的学习习惯的培养:"最好是心理还很清新",没有形成错误观念,没有养成坏习惯就开始,否则将是麻烦的。因为这就像"建筑师要去建造建筑物,他就需要选择一块开阔的地段。假如地面上已经有的房屋,他便必须把它毁掉,方才能去建造一所新房屋"一样,这段话提示我们,对学生良好习惯的培养必须越早越好,因为如不乘其"心理上还很清新"时培养良好习惯,而让其自发地形成不良习惯,要想改正过来就十分艰难费事了。比如学生写字姿势一旦形成了弯腰驼背的习惯,家庭作业一旦形成了马虎了事的习惯,即使花费了几倍精力也难以在短时间内纠正,有些人甚至会保持终身。当然,在强调尽早培养学生良好学习习惯的同时,还需要注意根据学生的年龄特点,不断想出新的培养要求,以发展其良好学习习惯。如对1-3年级的小学生,应以培养他们的专心听讲、写字姿势

正确的良好习惯为重点;到了4—6年级,就可以在此基础上提出上课前先预习,作业整齐、规范、细心、迅速等要求,以使他们在小学毕业前养成先预习、后听课,先复习、后作业,先作业、后检查的良好学习习惯。

2. 加强教育启发自觉

尽管有些习惯是由于无意重复所养成的,但人的大多数良好习惯都是有意识养成的。而要使能有意养成一种良好学习习惯,首先必须通过教育,使学生懂得为什么要养成此种学习习惯,从而激发他们产生养成此种良好习惯的欲望;其次必须培养学生坚强的意志,即有信心、决心和恒心。例如,要养成每天早起跑步锻炼和早读的习惯,不能懒床,不管严冬酷暑,刮风下雨,都要自觉坚持,不可寻找借口,三天打鱼两天晒网。换言之,要使学生自觉做到"我要干"而非"要我干。"

3. 从小抓起贵在坚持

刘备说过:"勿以善小而不为,勿以恶小而为之"。要使学生养成良好的学习习惯,必须注意从一点一滴的小事做起,并持之以恒,"积沙成塔,集腋成裘",以逐步帮助学生全面养成良好的学习习惯。例如,一些学者发现,要使学生养成良好的阅读习惯,就必须包括一系列的内容和要求:预读习惯、查读习惯、划读习惯、摘读习惯、询读习惯、注读习惯、比读习惯、议读习惯。在培养学生这八个方面的良好习惯的过程中,只能从学生的年龄特征出发,根据学生的具体情况,有的放矢的逐步培养。最终由小到大,养成良好的阅读习惯。对于学生偶尔抄一次别人的作业,考试做一次弊,也不可等闲视之。因为如果不能及时处理,他们也会从小到大地逐步积累,最终形成坏的学习习惯。

4. 严格要求反复强化

良好的学习习惯的形成是通过训练不断强化的结果。怎样才能使强

化有效呢？首先，要步调一致，多科教师间要一致，班与班之间要一致，老师与家长之间要一致。否则，就容易发生"内耗"。以先复习后作业为例，如果教师在学校里提出这样的要求并严格训练，而家长却听之任之，甚至因为家庭中某些特殊情况而允许孩子"例外"，则孩子不仅不能形成先复习后作业的良好习惯，甚至还有可能形成不复习乱作业的恶习。其次，要持久要求。持久就是不断强化，持久才能使学生逐渐适应，最终才能养成习惯。在培养习惯的问题上，决不能也不可能有"一劳永逸"的事情发生。为了做到持久要求，可给学生订一些制度，并严格地检查，督促他们执行。

5. 清除恶习破旧立新

为要使学生养成好的学习习惯，还必须教育他们自觉地与自己已经养成的某些不良习惯做斗争，并用新的良好习惯代替它，这就是破旧立新的意思，要做的这一点，一要启发学生认识坏习惯的危害性，促使学生下定决心改掉老毛病；二要帮助学生解决行动中的具体困难，落实具体措施；三要不断提醒、监督、检查，并善于运用批评与表扬武器；四要要求学生严格要求自己，不搞"下不为例"。关于这一点，美国心理学家詹姆士说："每一次破例，就像让你辛辛苦苦绕起来的一团线掉下地一样，一回滑手所放松的线，比你许多回才能绕上去还要多。"

（四）养成做事立即行动的习惯

最重要的不是成功，而是行动。——赫伯特

有效执行是迈向成功的阶梯。——李开复

想做的事情，立即去做！当"立即去做"从潜意识浮现出来的时候，立即付诸行动。——比尔·盖茨

【案例】

罗杰走下码头，看见一些人在钓鱼。出于好奇，他走进去看当地有什么鱼，

好家伙，看到的是满满一桶鱼。那只桶是一位老头的，他无表情地从水中拉起线，摘下鱼，丢到桶里，又把线抛回水里。他的动作更像一个工厂里的工人，而不是一个垂钓者在揣摩钓钩周围是否有鱼。

罗杰发现，不远的地方还有七、八个人在钓鱼，老头儿每从水中拉上一条鱼，他们就大声抱怨一番，抱怨自己仍然举着一根空杆。

这样持续了半个小时，老头猛的拉线、收线，七、八个人嘟嘟囔囔地看他摘鱼，又把线抛回去。这段期间其他人没有一个钓上过鱼，尽管他处在距老头十几米远的地方。

这是怎么回事儿，罗杰走近一步想看个究竟，原来那些人都在甩锚钩儿。这七、八个人都拼命地在栈桥下面挥舞着胳膊，试图钓起一群群游过的小鱼。而那位老人只是把钩沉下去，等一会儿，感到线往下一拖，然后猛拉线，当然，他把鱼钓上来了。

老头儿百发百中的秘密在于：只在钩子上方用一点诱饵而已！他一把线放下去，鱼就会咬饵吃，他感觉线动，然后再把鱼钩从厚厚的一群鱼当中一拉，有啦！

完全使罗杰吃惊的不是那位老头儿简单的智慧，而是这样一种事实，那一群人看得很清楚老头在干什么，他是怎样使用最简单的方法获得超级效果的，但他们做了些什么改变呢？什么也没有！许多人完全知道要成功他们必须做什么，但他们迟迟不愿采取正确的行动。

无论梦想是远大还是渺小，它和现实之间都需要一架梯子，而这架梯子就是行动。有人曾说："即使你是一个天才的球员，如果你不跑动，不出脚，也是永远不可能进球的。"

【案例】

法国一个高达8000人的调查研究显示，迟疑不决，犹豫再三几乎高居31种

失败的榜首，而一份分析数百名成功人士的报告则显示，他们之中的每一个人都有迅速下定决心，马上付诸行动的习惯。

林肯的父亲在西雅图的乡村购买了一个农场。那儿的土地上有许多大石头，对工作极不方便。正因为如此，父亲才得以用很低的价格买到了它。母亲建议把上边的石头搬走。父亲说："如果可以搬走的话，主人就不会卖给我们了。他们是一座座小山头，与大山相连，我们别想动它分毫。"

有一天，父亲去城里买马。母亲召集孩子们，带上工具来到地里，指着那些石头说："让我们把这些碍事的东西搬走，好吗？"于是，大家开始动手挖石头，他们很快发现，这些石头并不像父亲想象的难动分毫。他们不过是一块块孤孤零零的石块，深入地下不过一英尺，很容易搬动。所以当父亲从城里回来后，地里已经看不到一块石头了。从这件事中，林肯得出了一个教训："不可能"只存在人的想象之中，只要行动，就没有什么不可能。在以后的生活中，他不认为穷人家的孩子不可能当总统，所以他积极行动，终于当选为总统。他也遇到过很多困难，他不认为不可能解决，所以他成就了伟大的事业。

躺着思考，坐着议论，都不如站起来行动。在生活中，许多人之所以不能成功，缺少的不是能力，而是有效的执行。孩子真正的人生之旅，是从设定人生目标并执行的那一天开始的。有效执行的能力对孩子的一生都起着至关重要的作用。

☆父母要引导和告诫孩子：

1. 做个主动的人，要勇于实践，做个真正做事的人。

2. 不要等到万事俱备才去做，永远没有绝对完美的事，预期将来一定有困难，一旦发生，就立即解决。

3. 创意本身不能带来成功，只有付诸实施时，创意才有价值。

4. 用行动来克服恐惧，同时增强你的自信，怕什么就去做什么，你的恐惧

自然就会立即消失。

5. 做事推动你的精神，不要坐等精神来推动你去做事，主动一点，自然会精神百倍。

6. 时时想到："明天"、"下周"、"将来"之类的句子跟"永远不可能做到"的意义相同，要变成"我现在就去做"的那种人。

7. 立刻开始学习，不要把时间浪费在无谓的准备工作上，要立即开始行动。

8. 态度要主动积极，要自告奋勇地去改善现状。要主动担任义务工作，向大家证明你有成功的能力与雄心。

（五）培养孩子讲礼貌的习惯

有礼貌，是社会对一个人最起码的要求。如果孩子没有形成讲礼貌的习惯，就会成为一个不受欢迎的人。孩子不懂礼貌不是天生的，而是后天学会的。家长有礼貌，家人互相之间讲礼貌，而且要求孩子也要有礼貌，他也就学会了礼貌。如果家长对孩子的不礼貌的行动不以为然，孩子就会变得没礼貌。

没礼貌可不是小事。一个人在与人接触的时候，别人并不能很快的了解你的学识能力，可是待人接物是否诚恳有礼，却马上给人留下深刻的印象。如果孩子没有形成良好的礼貌习惯，就会成为一个不受欢迎的人，以后也会严重的影响到他的社会生活和事业的发展。

孩子从小学会讲礼貌，其实是为了孩子的以后人际交往打下了良好的基础。那么，如何教育孩子养成有礼貌的呢？

1. 教给孩子一些基本的礼貌常识。

（1）主动打招呼，见到叔叔阿姨，邻居的小朋友，都要主动问好。"叔叔早上好！""玲玲你好！"这些简单的问候能够帮助孩子和别人融洽相处。

（2）学会道别。简单的道别，例如："再见！"、"下次见！"当然还可以说："晚安"、"玩得开心"、"路上小心啊！"等等。家长给孩子一些道别的建议，孩子慢慢就会习惯有礼貌的道别了。

（3）教孩子讲礼貌用语。如果希望孩子有个良好的交流习惯，就要在日常生活中随时说："请"、"谢谢"、"对不起"等。因为这是保持人际关系的良好基础。要孩子养成这个好习惯，父母要以身作则。如果孩子常听到爸爸妈妈用"请"字同人沟通，自然而然会明白他该怎么使用。

（4）学会待客。在别人家里做客，有礼貌是最重要的，不然别人就不会邀请你下次再来。进门问候，对主人的热情招待说"谢谢"，欣赏主人的厨艺，不在主人的家里乱跑，使用主人家的厕所、用具、玩具要先征得主人的同意等等。这些基本礼仪，都要一一教给孩子。

（5）遵守公共场合礼仪。电梯先下后上，女生老者优先；公共场所小声说话，不要旁若无人，大声喧哗，到处乱跑；坐公车、用公共电话、上公厕等使用公共设施要排队等候；享受公共服务如去银行、购物付款、到邮局等要耐心等待；不要乱扔垃圾，用完厕所要冲洗，爱护公共设施等。

（6）餐桌上的礼仪同样很重要。不争不抢，不挑剔食物；不大声说话，吃东西不要发出很大的声音，使用餐具尽量不要发出很大的声音；不要谈论不适宜在餐桌上谈论的话题；对别人的话题要有礼貌回应。

2. 细心指导，耐心教育。

对有不礼貌表现的孩子，家长要不厌其烦的反复提醒，最好是事先提醒，比如赴宴之前把相关的礼貌行为告诉孩子。如果孩子有不好的表现不要人前教子，要照顾孩子的面子，在事后和他讨论他行为。切忌在孩子表现不好或是屡教不改的时候失去耐心，因为一味的责备，打骂孩子只会让他和家长越来越对立，让事情变得不可收拾。

二、行为的矫正

什么是行为，什么是问题行为？

行为即是人的自发的言和行。行为不是天生的，而是通过学习获得的。儿童通过学习才会说话、认字、看书，获得了各种知识和技能，通过教育才学会尊老爱幼，形成了良好的品行并遵守道德规范。人一旦远离了社会，得不到教育，即使具有人类的遗传特征，个人也很难发展人类的行为。这一点，我们已经从印度狼孩卡马拉身上得到了最好的证明。卡马拉从小为狼所托养，与狼为伍的生活使她不会说话，四肢爬行，遇人只会嚎叫，智力极其低下，丧失了人类许多心理特征，行为方式与狼无异。

既然人的行为是学习来的，是后天受环境影响和教育而产生的，就会有不同的行为。即正常行为与不正常行为。不正常行为就是问题行为，问题行为就是说他在某一方面存在问题。我们不能简单地把这个孩子贴上不良品德的标签，也不能随便的打入犯罪行为的行列。我们这里讲的儿童问题行为是指那些儿童身心健康发展和品行，给家庭、学校、社会带来麻烦的行为。

种种问题行为的表现，可分为心理性问题行为与品德性问题行为：

心理性问题行为：即由心理方面的原因造成的问题行为。

1. 由矛盾心理原因引起的神经性行为，如强迫行为等。

2. 情绪方面的问题行为，如过度焦虑而引起的神经质式的敏感、多虑、害怕、烦躁等。

3. 性格方面的问题行为，如爱发脾气、粗暴性情反复无常、过分胆怯、孤独等。

4. 智力活动方面的问题行为,如智力水平低,难以适应学习要求或学习压力过大而引起的厌学、逃学等。

5. 习惯性方面的问题行为,如厌食等。

品德性问题行为:如说谎、打架等。

儿童发育过程中的行为问题并不是无关紧要的。一个人心理上的失调或异常并不是无缘无故突然产生的,其根源大多在儿童时期。尤其是儿童早期阶段。因此,儿童的问题行为不仅有可能阻碍儿童正常的心理发育和发展,影响儿童的生活和学习,而且也有可能成为以后心理障碍和社会适应不良,给将来发展造成巨大损失。

儿童时期是矫正问题行为的黄金时期,因为儿童可塑性强,这时期要不失时机地给予恰当的、合理的、有效的方法及早帮助和矫正儿童不良行为。这些行为的偏异会得到矫正,或完全消失,会利于促进儿童身心健康的发展。反之,儿童时期的问题行为若不及时的矫治,那么以后矫治就会变得十分困难。

(一)行为的矫正方法

那么怎样来矫正这些不良行为呢? 这是我们要讲的重点。在讲这个问题之前,我们先讲两则小故事。

【案例】

◆ 前苏联高级神经学说创始人,荣获诺贝尔奖的巴甫洛夫,巴甫洛夫的条件反射原理是这样的:

他将一只饿狗系于架上,然后拿一块肉给它,狗见到肉非常想吃,但吃不到而流出口涎,由此可知,肉为有效刺激物,如果呈现肉时给予摇铃,连续几次后,虽然单独摇铃,狗亦流出口涎,这样摇铃已经代替了肉的效果,这我们称之为条件反射。有经验的养鸡户曾经用这种方法训练鸡,他光是用饲料喂养散

鸡,一边撒饲料(如玉米)一边摇铃,鸡见到玉米(同时摇铃)很快集到指定地点,几次后我们不给玉米,虽然单独摇铃,鸡也会马上集中起来的。狗和鸡的这一活动反射是有条件的是那铃声代替了肉和玉米。

◆ 明朝有位才子叫徐文长,少时顽皮。他的叔叔每次来到他家里,都会指责他的放荡行为,为此他的父亲对他责罚。多次后,他心中非常怨恨叔叔,心存报复。他想了一个办法,从他叔叔骑的驴子下手。他对着叔叔骑来的驴子作一揖,然后重重地鞭打它一顿,如此连续几次,驴子一见作揖,就惊跳起来。待他叔叔临走,骑上驴子,从礼貌上讲,徐文长必须还礼送行,他就对叔叔深深地作了三个揖,不料,那只驴子以为又要挨打,忽然暴跳起来,把叔叔从驴子身上摔了下来,跌的鼻青脸肿,徐文长在心中别提多高兴了,而他叔叔到死也不知道是他侄子使的坏。

徐文长是不知情的利用条件反射原理实现他对叔叔报复的(我们不来讨论他本人的对错),条件反射是苏联科学家巴甫洛夫发现的,可是在他前三百多年徐文长就能利用这个原理。可惜他没有整理上升为理论高度,如果他意识到这一点,可能他就是条件反射的老祖宗。如果那时有诺贝尔奖,这项发明可能是徐文长而不是巴甫洛夫了。

条件反射原理,就是我们矫治青少年不良行为用的方法,它具体可分为:

强化法(它包括正强化和负强化法)、惩罚法、消退法、代币法。这几个方法是人们常用的方法,也叫经典方法。

1. 正强化法

一种行为我们要想它巩固下来,就要大力强化它。它分正强化、负强化,我们先谈正强化。

在日常生活中,无论是孩子还是大人,都曾经受过各种性质的刺激或

是产生各种需要。这些刺激有些为人们所喜欢，有些为人所厌恶。如果一种刺激是人们所喜好的，能满足人们的需求，那它就可以增加行为的出现率。这种刺激被称作正强化物。在日常生活中，我们常运用正强化物来强化这种受欢迎的行为，这就是正强化法。

例如孩子做作业总是拖拉、不愿做，往往完不成。但是对看童话故事、电视非常着迷，妈妈就提出完成作业可以看一次童话故事电视，否则不准看，孩子为了看童话故事电视，就积极做作业，久而久之做作业就不拖拉了。

在孩子写作业拖拉例子上，写作业是强化的对象，而看童话故事电视则是强化物。没有正强化物则不能产生正强化效果。正强化物起到关键作用。

强化物一般可分为五类：

（1）消化性强化物：指糖果、饼干、饮料、水果、冰激凌、巧克力等和其他孩子非常喜欢的食品。

（2）活动性强化物：看电视（电影）、看小人书、郊游、手工制作、看画册等其他孩子非常喜欢的活动。

（3）操作性强化物：指玩枪、玩布娃娃、绘画、跳绳、骑小车等游戏。

（4）拥有性强化物：指孩子可拥有享受的东西，如小狗、小猫、小鸟、漂亮的衣服、鲜花、小提琴等。

（5）社会性强化物：指孩子喜欢接受的语言刺激或身体刺激，如口头赞扬、温情的轻拍、拥抱、点头、微笑、与你聊天、给你讲故事等都是。

正强化法是行为矫正技术中一种最基本的方法，其操作程序和操作原则为：

（1）正确选择要强化的行为。所选择的要强化的行为应该是具体的、可观察、可评价的行为。

（2）正确选择正强化物。选择正强化物必须因人而异，把个体差异考虑进去（幼儿和青少年要有差别），且应易用，能立即呈现在所需要的行为发生后，多次使用不至于引起迅速地满足，不需要花费大量时间。

（3）正确实施正强化。

（4）逐渐脱离强化程序，当所需行为发生达到期望频率时，应逐步消除强化物。

正强化的误用：

正强化法不会使用结果导致不需要的行为被强化。下面举几个例子：

（1）一个小男孩，独生子，母亲非常溺爱。有一次去商店时，小孩趁售货员不注意，偷拿东西往嘴里塞，回家后才把嘴里东西吐出来，并告诉母亲是怎么拿的。母亲听后非但没有责备他，反而还夸他聪明。母亲的赞赏对孩子是一种鼓励（强化了这种行为），小孩很高兴。以后小孩常动脑筋偷东西，以获取正强化物，后来那小孩成了江洋大盗，被判处死刑。

（2）儿子与母亲一起逛商店，儿子看见有十六声玩具手枪在出售，于是轻轻地央求母亲给他买一把，说他好想要。母亲不答应，儿子便站在台前不肯离去，母亲拉不动他，就假装自己走。儿子于是开始放声大哭并赖在地上，围观的人越来越多。母亲迫于情面，回转身来给儿子买了枪。以后每当孩子的一些要求得不到满足时，他就用号啕大哭或赖地不走行为作为威胁母亲并达到目的手段。

上述两例表明，其误用的实质是强化了不良行为，使不当需要的行为的出现频率升高，根据我们的经验，日常生活中大多数儿童不良行为和习惯都是由于母亲、老师、同伴或其他人的不恰当注意及妥协所引起的。

2. 惩罚法

日常生活里，常看到一些儿童有意无意地表现出一些令父母或老师感

到不愉快的行为。如骂人、与同学打架、把玩具乱扔、打破花瓶等。对家长和老师而言，儿童的不良行为出现的频率越少越好，怎么办呢？这就需要运用惩罚法。

（1）什么是惩罚法

惩罚是指当行为者在一定情境或刺激下产生某一行为后，及时使之承受厌恶刺激（又称惩罚物）或正在享用的正强化物，那么他以后在类似情境或刺激下，该行为的发生频率就会降低，甚至清除。

由上可知，惩罚包括两个内容。

一是在某种情境中在行为者做某件事后，立刻施以厌恶刺激，那么这个人在下次相似的情境中很少可能再会去做同样的事了。例如：某学生懒得做作业，两道数学题答案全是抄袭来的。老师发现后，要求他放学后留下来，罚他做完五道题再走。这里罚做数学题，对于该学生来说是个厌恶刺激（惩罚物），这是他的不良行为（抄袭作业）所直接导致的结果，他要想摆脱厌恶刺激，就只能改正不良行为。

二是撤除行为者正在享用的正强化物。例如，一群孩子正在幼儿园里做游戏，忽然一个孩子咬了另一个孩子的手，幼儿园老师为消除其咬人的不良行为，便不让他再做游戏了，叫他走出来。对该孩子而言，这里不让他做游戏意味着剥夺了其在享用的强化物（游戏），这是他的不良行为所导致的结果。

（2）惩罚的类型

惩罚有三种类型：

①体罚

体罚是指随着儿童不良行为的出现，及时施以一种厌恶刺激或惩罚物，达到阻止或清除这种不良行为发生的功效。这里所指的厌恶刺激包括能

激活痛觉感受器官疼痛刺激或使其他感受器官产生不舒适的刺激，如鞭打等。体罚程序对家长和受罚者而言，都会感到不愉快，应尽量避免使用。但有些情况令人不得不采用这种方法，否则就收不到效果（如恶性攻击等）。

②谴责

谴责是指当孩子出现不良行为时，及时给予强烈的否定的语言刺激或警告语句，以阻止或消除不良行为出现。谴责也包括瞪眼睛、用力把他抓住等动作。

一般的谴责行为或词句的后面，必须偶尔的跟随别的惩罚刺激，否则谴责会失去惩罚的作用。

③隔离

当儿童表现出某种不良行为时，及时撤除其正在享用的正强化物以阻止或削弱其此种不良行为的再现，或把个体转移到正强化物较少的情境中去，这种改变行为的策略叫做隔离。

隔离就是将个体与正强化物隔离之意。隔离与体罚一样，目的是为了设法减少不良行为。所不同的是：体罚以施加厌恶刺激为手段，而隔离是以移走正强化物为手段。

（3）有效运用惩罚的原则

①选择的被惩罚行为应是具体行为（如在椅子上蹦跳）而非笼统的行为范畴（如破坏公物）。

②选择有效地惩罚物。儿童对惩罚物的厌恶程度存在着个别差异。例如有的儿童特别是女孩子，只要给以训斥就能令其改变错误行为；而有的顽皮的孩子对训斥根本不当回事，此时必须有较强的惩罚物跟上，才能奏效。为了使惩罚有效，选择的惩罚物必须有适当的强度。

③创设良好的教育情境。家长在对儿童的不良行为进行惩罚时的态度

和标准必须一致。常见的情况是父严母慈。父亲认为孩子的不当行为应受惩罚，母亲却暗中庇护或公开反对。有些三代同堂的家庭，父母要惩罚孩子的不当行为，奶奶或外婆则护着孩子。这种不一致态度和标准的后果是孩子对长辈的态度也不一致（如只怕父亲，不怕其他人），其不良行为也不能真正得到改变。

④惩罚的实施者应以冷静和求实的态度来使用惩罚物，以避免由于情绪激动而加重惩罚的强度，造成不必要的危害。

⑤教师与家长在使用惩罚时，务必找出与不良行为相对抗的良好行为，以良好行为代替不良行为，并对替换的满意行为给予大量的正强化，加速不良行为的自然消失。

惩罚法有许多潜在的缺点和不良的副作用。如强烈惩罚会引起不良的情绪反应，易导致儿童模仿成人的惩罚行为来对付别的儿童。惩罚只是抑制旧行为，并不建立新行为。因此，惩罚法应在其他方法无效果的前提下，不得已时才使用的。

为了使惩罚活动收到预期的矫治效果，在使用惩罚时应注意下列几个方面：

第一，恰当选择惩罚类型。

惩罚一般分为4种类型：

◆ 体罚。

◆ 谴责。

◆ 暂停。（隔离）让受惩罚的人暂时停止他所喜欢的活动，或者让他暂时离开他所喜欢的环境。

◆ 损失。

剥夺受惩罚的人所喜欢的东西。由于青少年的个别差异，对不同的惩

罚方式的感受性质是不同的,有的人特别在乎东西的损失而不在乎暂时停止某项活动。有的人特别在乎口头批评,而不在乎体罚等等。应该选择青少年感受最强烈的惩罚方式进行惩罚。如果选用了一种青少年根本不在乎的惩罚方式,就难以达到惩罚的效果。

第二,注意控制惩罚的强度。

一般人认为惩罚强度越大,惩罚的效果越好;有些人认为,应该先用轻微的惩罚,轻微惩罚不起作用时,再用严厉的惩罚。心理学家马丁的观点是:逐渐增加惩罚物的强度还不如开头就用严厉的惩罚有效。即在不良行为初次出现时,就给予严厉的惩罚,以便抑制这种不良行为的再次出现,不能按照事情有再一、再二,没有再三的传统做法。放任头两次的不良行为,到第三次出现时才进行惩罚。很多青少年犯罪都有这样的经历:他们头几次进行不良行为时,特别是父母往往不管,即使进行惩罚,也是很轻微的,当他们多次进行不良行为,父母再难以忍受这种行为的不断发生时,才进行严厉惩罚,已经太晚了。他们已经陷得很深,难以自拔,严厉的惩罚只能激起他们的敌意感和反抗情绪。假如当他们第一次进行不良行为时及时给予严厉的惩罚,他们就可以记住教训,不再堕落下去。但是,父母没有这么做,失去了制止青少年不良行为的时机。

在确定惩罚强度时,应该考虑这样几点:

第一,要区分不良行为的特征。对于一般的不良行为,可以进行一些轻微的惩罚,对于严重的,性质恶劣的不良行为,只要一出现就应给予严厉的惩罚,决不能姑息和迁就。

第二,要注意青少年的性格差异。对于一贯小心谨慎,性格内向的青少年可以使用较轻的惩罚,对于一贯动作粗暴,性格外向的青少年,可以使用较为严厉的惩罚。

第三,惩罚要及时。在不良行为出现时要立即惩罚,只有这样,才能使青少年在不良行为与受到惩罚之间建立起条件反射联系,起到因惧怕惩罚而不敢进行不良行为的作用。

惩罚的及时性对个人的情绪控制有较多的要求。青少年的不良行为往往会激起他人的愤怒情绪,可能不分青红皂白,拿起周围的东西殴打青少年,或者急不择言用恶语谴责青少年,使惩罚行为失控,惩罚活动失去理性。这样的惩罚只能激起有害反应。因此,在及时惩罚时,一定要注意控制自己的情绪。

第四,惩罚与说理相结合。惩罚并不意味着单纯的责骂、殴打、停止和剥夺,有效地惩罚起码还应该包括讲清惩罚的原因,使受惩罚的青少年知道为什么要受罚,更理想的情况是,不仅向青少年指出为什么受罚,哪些行为是不对的,而且还向他指明方向,告诉他如何去做。这样就能使青少年知错改错,学会正确的行为模式。

☆**这里提出批评的"八忌"、"八要"供参考:**

(1)忌居高临下,以势压人;要平起平坐,以理服人。

(2)忌声色俱厉,动辄训斥;要态度和蔼,表情自然。

(3)忌言辞含混,模棱两可;要言语准确,理由充分。

(4)忌以过盖功,全盘否定;要一事一论,评价得当。

(5)忌不看对象,方法单一;要因人而异,形式多样。

(6)忌不分场合,忽视后果;要因地而异,讲究实效。

(7)忌单向传教,无视对方;要察言观色,双向交流。

(8)忌不做准备,即兴而行;要反复斟酌,适时而言。

☆**批评艺术十则:**

(1)寓批评于尊重之中;(2)寓批评于表扬之中;

(3) 寓批评于谈心之中；(4) 寓批评于谅解之中；

(5) 寓批评于自责之中；(6) 寓批评于关怀之中；

(7) 寓批评于幽默之中；(8) 寓批评于激励之中；

(9) 寓批评于希望之中；(10) 寓批评于玩笑之中。

☆**选择批评的最佳方式：**

提醒式批评：适应于性格机敏，疑虑较重的人。

发问式批评：适用于善于思考，性格内向的人。

渐进式批评：适用于自信心较强的人。

商讨式批评：适用于反应快，脾气躁易激动的人。

及时式批评：适用于不肯轻易认错的人。

触动式批评：适用于有情理，有依赖心理的人。

参照式批评：借助他人、他事，运用对比烘托出批评，适用于自高自大，易于感化的人。

3. 负强化法

负强化和正强化都是强化某一事物，都是为了矫正儿童不良行为，但是它们的做法正好相反。正强化法使用强化物是正的好的刺激，负强化物是坏的厌恶的刺激。负强化是使之增强负强化物并使之减弱直到取消。例如孩子不爱劳动，给予正强化物水果使孩子由不爱劳动变为热爱劳动，是事物的加强。又例如孩子经常咬指甲，我们在指甲上涂上辣椒粉，孩子再咬指甲时收到辣味（厌恶刺激物）而改变咬指甲的坏习惯（行为减少）。

例如强强一家人正在吃饭，强强不好好吃，妈妈命令他到一边站着，不许吃饭。全家人没有过多的关注他，继续吃饭。一会儿，强强说："妈妈，我不闹了，以后好好吃饭还不行吗？"于是，妈妈答应了他，让他重新回到了原来座位上吃饭。

这里，强强站在一边看全家吃饭是负强化物，强强的正确表态是认可的行为。于是，撤出了负强化物——不让站着了。妈妈实际上是先采用了惩罚，再用负强化物，之后再让他吃饭，这又是正强化。

逃避和回避实际上是负强化的一种直接应用。反过来说，负强化也是通过逃避或回避来实现的。

浩浩经常不做作业，爸爸发现后，就惩罚他尝试用厌恶刺激（负强化物）。浩浩为了逃避被揍的痛苦而做功课，久而久之，按时做作业的习惯就会养成。

学生入学后，学校进行纪律教育，要求学生遵守规章制度，当儿童进入学校时（具体的情境）或当老师在班级中提出要遵守纪律（听到相应的信号）孩子就会遵守纪律，以免受到厌恶（回避惩罚）。

4. 消退法

在一个确定环境中，当孩子做出某一行为之后，外界环境不予理睬，那么，今后类似情况发生类似行为的可能性就会减少。

例如《午睡的烦恼》很有代表性：

"四岁的小玲，每天午睡都要妈妈陪她、哄她、安抚她，才肯乖乖上床，直到她睡着为止。中途不得离开一步，否则立刻放声大哭，在床上翻滚，闹得全家鸡犬不宁。只要妈妈一出现，哭声立止。很显然，小玲把哭声当武器，治得妈妈服服帖帖没办法。后来经专家指导，处理办法是：在她午睡时，妈妈硬起心肠，把门关上，任她哭去（断其强化物）。

第一天，孩子照常哭叫，心里蛮有把握母亲必来陪我，结果不然。妈妈没来，法宝似乎失灵了。她以为妈妈没听见，非加倍努力不可，于是把音量放大两倍，直到声嘶力竭，才疲倦睡去。

第二天午睡，她照哭不误，但哭声显然没有那么高了，哭的时间也没有

那么长久。

第三天午睡,他只是呜呜干叫两声了事,意思意思而已。

第四天午睡,她不再哭了,连象征性的干叫也没有发出,不声不响,安安静静地睡着了。"

至此,小玲午睡时的哭闹恶习完全消失了。

消退法在日常生活中矫正儿童不良行为还真的管用。

假若我们不理儿童的某种行为,则该行为自然慢慢消失。这就是消退法的作用。

☆实施消退法要注意:

(1)选择消退行为要明确具体,不要操之过急,不要计划一次改进所有的不良行为或指望一次会产生重大改进。例如,一学生课堂活动中有很多麻烦行为或问题行为,矫治时不要企图一次解决。因为在形成这些问题也不是一朝一夕的事。所以只能先选定其中特定的行为来矫正。然后再逐个解决,决不能心急。

(2)在消退过程中,行为在消退前,有时会产生情绪抵触性行为和攻击性行为,这时是关键时刻,必须坚持下去,才会消除不良行为。否则只会加强不良行为的严重性。

(3)记录不良行为在消退之前的发生频率,即建立一个行为基线。

(4)确定当前是什么东西对不良行为起强化作用,以便在矫正期间对那种强化物加以抑制,搞清不良行为的强化历史,以确定执行消退所需要的时间。

(5)确定儿童能从事的良好替代行为及其强化物,以便消退和正强化相结合,使消退效果更好。

(6)在实施消退过程中必须能够与客观保持一致,一方面要上下保持

一致。在家里或学校的成员中，当执行施教时，父母或老师若有不同做法，不同观点，就无法彰显效果，结果被破坏无遗；另一方面左右一致，在家里有兄弟或邻居，在学校有同学、朋友，当我们对某位个案实施消退原理时，这些周边相关的人，一定要配合，同心协力，不破坏实施的原则，否则无法发挥功效。

5. 代币法

代币法就是可以用来换取所需要的强化物的物品或手段。代币在本质上是一种强化物。

我们已经谈到，在强化儿童行为时，需要相应的强化物。但是，在有些情况下，儿童做出我们认可的优良之后，我们并不能马上给予儿童相应的强化物。

一方面，一次好的表现，儿童就得到想要的强化物，并不一定能促进他们更加巩固这个行为，相反，还可能使儿童对强化物产生依赖。我们必须是在好的行为到达一定的次数后才能给予强化。如孩子非常喜欢周日去公园做小火车。但是，不能因为做出一次好的行为就和他去公园，而是事先讲好，行为达到一定次数时才去。即每发生一次优良行为，就获得一个物品，如小红花、小木棍、花纸等，或获得一个分数，等这些小物品达到一定的数量，再换取强化物。这里的小物品、分数就是代币。

另一方面，当儿童做出好的行为时，我们身边不一定就有现成的他喜欢的强化物，这时最好的办法是记账，待到方便时在还账。因此，所谓的代币就是可以用来换取所需要的强化物的物品或手段。

分数是最方便的强化物。儿童做出某种行为后，就可以给一定的分数。这个分数的多少可以根据行为的难度确定（必要时和孩子共同商定）。当分数累积到一定数量后，孩子可以根据自己需要获得相应的强化物。这

里需要强调一点，如果孩子做出不良行为时，还可以减掉相应的分数，事先必须明确规定哪些行为可增加，哪些行为可减少。都要规定一个明确的标准，孩子行动时要有章可循，不要盲目行事。

使用分数时，家长首先要确定什么行为出现后可得几分，这要与孩子商量，然后用一张统计表，表示孩子在某段时间获得多少分数，然后把获得分数花掉。

每周计算一次，然后按不同奖励项目再花掉这些分数。怎么花掉分数呢？根据不同分数给予不同强化物，孩子有选择的自由。不同强化物所需分数标准必须贴在墙上，使孩子有奋斗目标。强化物标准必须明确具体，不要要求过高。

哪一项强化物该花掉多少分数，要完全从教育的意义出发进行考虑，同时还要考虑让孩子取得他喜欢的强化物不要太难，也不要太容易。必须适当才能发挥作用。

（二）教育孩子听话的六种方法

1. 诉诸情感法

在教育孩子的过程中，很多父母经常使用诉诸情感法，效果很好。用情感的力量打动孩子，消除孩子不应有的情感障碍，运用情感的力度来感染孩子，使其拆除"心理栅栏"，这样，孩子更容易听我们的话，达到教育的目的。

未成年的孩子在理解问题、分析事物等方面还不完善，在"自我状态"中，理性认识往往处于模糊状态，更多地是以情感倾向为转移来认识事物，并获取相应的态度和行为。因为，人们的言行主要是受情感支配的，很少经过理智考虑；即使是很难对付的人，从情感上影响他们要比从理性上影响他们容易得多。经验告诉我们："感人心者，莫先乎情"，"动之以情，方能晓之以理"，"情到理方至，情阻理难通"。

【案例】

◆ 吃饭了，佳佳一坐在桌子边，就把好菜都端到自己面前，自顾自地扒进碗里。佳佳爸爸皱着眉头说，"你怎么这样自私，没规矩？老师是怎么教育你们的！"妈妈则委婉地说："孩子，菜是大家吃的。你只顾自己，爸爸妈妈就吃不上了。你难道不爱爸爸妈妈啦？"请想，佳佳更容易接受哪类说法。事实上，当爸爸指责佳佳自私时，她并未理睬，反而瞪了爸爸一眼。小佳佳还不理解"自私"的含义，她只明白这是一句骂人的话，一句不光彩的话。而后，听了妈妈的话，她羞愧地低下了头，把碗里的菜拨了出来，还不时的劝爸爸妈妈吃。

◆ 郝丹闹着要妈妈给她买双冰鞋："别的同学都有，张宏还是双彩色的，你为什么不给我买？你什么东西都不给我买，我连运动服都没有，你不喜欢我！"面对这样"尖锐"的质问，妈妈认为应该吐露真情。她蹲下来，摸着孩子的头，不无感触地说："丹丹，听妈妈的话。自从你爸爸同那个阿姨走后，一直就不管你了。妈妈一个人的工资不多，不能什么都给你买。妈妈是爱你的，可是妈妈没有钱啊！"说着，她忍不住的哽咽起来。打那以后郝丹仿佛成熟了很多，再也不成天闹着买这买那了。

"诉诸情感法"要求我们在说服孩子时，运用富于情绪感染的沟通方式。加里宁则说："如果你想要用你的语言感动别人，那么你就应该在其中注入自己的血液！"但实际上，引导者（包括父母）本身就缺乏必要的情感时，对象也很难激动起来，因为，情感激动总是互相感染的。这就是说当父母诉诸情感，对子女进行情感教育时，应该在语言、语气（音量、速度、节奏、停顿等）和非语言（表情、姿势等）方面表现出相应的特征，才能有效地影响孩子产生相应的情感，引起情感共鸣。至于那种过于"冷静"的说服，则很可能只是一阵擦过孩子耳边的"耳边风"。我们都知道这样一句话："冷水泡茶茶不开。"

当然，我们所说的"诉诸情感"是有感而发，而不是无病呻吟，装腔作势，否则，反而会引起孩子的反感、厌烦。

2. 理性逼入法

在对孩子采用"理性逼入法"进行说服教育时，一定要注意事实论据，因为，孩子的理性认识可能还处于模糊状态。他们可能还不理解你的那些理论论据："哎哟，我一听这些大道理就头痛"。然而，事实是客观存在的，要否认事实，除非自己欺骗自己。值得欣慰的是，孩子们在这方面却表现得特别诚实。

让我们来看下面这则实例：

【案例】

张谦是某市邮电局工人，家中有九岁的孩子张僖。自从去年他在河南工作的弟弟因车祸身亡后，弟媳也抑郁成疾，不久去世了，仅剩下六岁侄子张宝，无人抚养。于是张谦与妻商议后便将侄儿接回家中。然而不久，张谦发现儿子张僖经常背着父母欺负张宝，抢他的东西，还经常打他。张谦夫妇十分气愤，不知责骂了多少次，均无济于事。孩子甚至在自家中宣称："不再回这个倒霉的家"，在张僖心目中"这小子"没来前的自己是家中的"小太阳"，而现在，爸爸妈妈都是围着张宝转，整天"心肝、宝贝"地唤个不停。他反将自己"身价陡跌"，于是，不平和委屈便都向着张宝发泄。他的论点归纳起来不外是"你们偏心这小子，不喜欢我"。张谦夫妇俩于是决心坐下来，摆事实、讲道理。

"你说我们只喜欢弟弟，不喜欢你，真的是这样吗？上个星期六，你爸爸冒着大雨去学校接你，回家时脚被钉子扎破了，流血不止，还忍着痛背你回家，不喜欢你吗？听说'太阳神'对小孩智力有好处，你爸爸戒了烟省钱给你买，还每天督促你，怕你忘了吃，不喜欢你吗？你说我们偏心，好东西都给你弟弟。我问你，新衣服都给你穿，弟弟总是穿你的旧衣服，旧鞋子，玩具也都是你扔下的，

是偏心吗？你过生日那天，家里给你买了个蛋糕，还请了许多小朋友到家来玩，弟弟过生日，妈妈只给他煮了碗鸡蛋面，是偏心吗？"

"你说我们总不管弟弟，做错了事不骂他。你想想看：弟弟把你的作业本弄脏了，妈妈不是还逼弟弟向你道歉，说'对不起'啦！弟弟把李婆婆家里的鸡给弄坏了，我们不是也关了他的紧闭吗？弟弟把爸爸工作用的邮包划破了，爸爸不也是打了他手心吗？"

"你说我们总是让着你弟弟，总是袒护他。大的孩子不应该让着小孩子吗？那次你去大伯家里玩，英英姐姐不让你看她的连环画，你俩争起来，大伯不是骂了姐姐，说大孩子就应该让着小孩子嘛？前天，你在学校与高年级同学打架，老师不是只批评了他，说他'没羞，欺负小同学'吗？……"

张谦夫妇俩用事实逐一攻破了张僖的"论据体系"，使他无言以对，羞愧的低下了头，一声不吭，晚饭后，张僖主动将自己的玻璃球送给张宝，说："弟弟，以后听哥哥的话，我再也不欺负你啦！"

除了提供充分的事实论据外，"逼入"法也可列举出对象特定的态度，动机所能引起的行为结果，并予以一一肯定或否定，使对象诸多选择中自觉地确立与引导目的相符的态度和行为。大家都熟悉"大泽乡起义"的故事。农民起义领袖陈胜在鼓动人们起来造反时，列举了多种行为结果，归纳起来只有两条路：第一条路是顺从朝廷命令赴边守关，但已经因雨误期了，按规定，误期是要被杀头的，即使躲过了这关，到前线去作战十有八九也是死，总之是死路一条；第二条路是造反，造反不仅可能不死，还有可能封官分田，即使死了，也死的轰轰烈烈，身后留名。两条路清清楚楚，陈述利弊如抽丝剥茧，这种理性的"逼入"使听众不得不服。

【案例】

贝利的父亲在贝利小时候也是运用这种方法使他放弃吸烟的念头的。一

次，小贝利参加了一场激烈的足球赛，累的喘不过气来，休息时，他向伙伴要了一支烟，以解除疲劳。贝利得意的吸着烟，淡淡的烟雾不时从他嘴中吐了出来，这一举动很快被父亲发现了。晚上，父亲坐在椅子上问贝利："你今天抽烟了?""抽了"。小贝利红着脸，低下了头，准备接受父亲的训斥。

但是，父亲并没有这样做，他从椅子上站起来，在屋子里来回走了半天。才对孩子说："你踢足球有几分天资，也许将来会有出息的。可惜，你现在要抽烟了。抽烟，会损坏身体，使你在比赛中发挥不出应有的水平。作为父亲，我有责任教育你向好的方面发展，也有责任指正你的不良行为。但是，是向好的方面努力，还是向坏的方面滑行，主要还取决于自己。因此，我要问问你，你是愿意抽烟呢，还是愿意做一个有出息的运动员呢?你自己选择吧!"说着，父亲还从口袋了抽出一叠钞票，递给小贝利，说道："如果你不愿意做个有出息的运动员，执意要抽烟的话，这就作为你的抽烟的经费吧!"说完，父亲就走了出去。

小贝利望着父亲远去的背影，仔细地想着父亲那恳切的话语，不由得哭了起来。过了好一阵，他止住了哭声，拿起桌子上的钞票还给了父亲，并说："爸爸，我再也不抽烟了，我一定要当个有出息的运动员!"

从此，贝利刻苦训练，球艺迅速提高，15岁时参加桑切斯职业球队，16岁进入巴西国家足球队，被誉为"世界球王""黑珍珠"，名声传遍了世界各地。

3. 标定激励法

一位心理学家告诉我，一个大家都认为不可救药的孩子被带到他那去治疗，这个孩子刚到那时，似乎很不高兴，一句话也不说。但他从孩子父亲不经意地说出的一句话中找到了病因。孩子父亲对他说："这个孩子没有任何优点，我从来没有看见过这样糟糕的孩子。"于是，他努力去发现孩子一向被忽视的长处。结果发现了好几个优点。那个孩子擅长雕刻，曾经因为在家里的家具上雕刻珊瑚而遭到父母的处罚。因此，他买了一套雕刻用的工

具送给那个孩子并教他正确的雕刻方法。同时鼓励他："孩子,你并不是没有希望的,你雕刻的东西就比我认识的任何一个孩子都棒!"不久,他还发现那个孩子另有许多长处。有一天,那孩子主动地把房间打扫得干干净净,大家知道后无不感到惊讶。这位心理学家问孩子为什么这么做,孩子回答说:"我觉得你一定希望我这样做,是吗?"

【案例】

老马的女儿小佳,今年9岁,读小学二年级。一次,老师让学生做作业,题目是《我长大以后》。小佳在作文中写道:"我长大以后不能成为有用的人,因为我很笨,爸爸妈妈比我聪明,邻居孩子也比我聪明,同学们都比我聪明,他们都不会做错事,我总是出错……"。老师看了作文后认为值得研究,小佳平时沉默寡言,性格孤僻,学习成绩也不好,这是智力发展的问题,还是缺乏自信心呢?老师通过调查,才发现问题的症结。原来,小佳自小在农村奶奶家长大,原本是一个聪明活泼的孩子。三年后,父母把他接到城里上学,回城后,由于语言不通,他总是听不懂别人说的话,由于环境生疏,许多事情不熟悉,经常出错,也显得笨手笨脚的,为此,父母很生气,总是骂她"笨"、"一辈子没出息"。久而久之,小佳产生严重的自卑感。越发显得呆头呆脑,真的笨了起来。

孩子的父母如果想让孩子听话,那就不要经常指责他们"淘气",如果你想让孩子门门功课都是"优",那么,千万不要动辄就指责他们"笨",如果你想使你的孩子更勤快些,就不应该反复指责他们"懒惰"。因为,过多的消极评价会事与愿违,反而助长消极的行为倾向。社会心理学的研究发现,人们总是按"社会标定"来"整饰"自己的。

当父母要求孩子听话,向某一个好的方向发展时,就应该在这方面不失时机地给予孩子积极地评价,激励孩子在这方面的内在动机。这一方法称之为"标定激励法",它对那些所谓的问题儿童特别有效。

【案例】

拿破仑·希尔博士小时候是远近闻名的"问题儿童"，备受嘲弄。然而，他的继母的一句话改变了他的一生。此后，他自强不息，终于成长为世界瞩目的一位学者，他所著的八卷本《成功规律》被认为是本世纪的一个重大发现。下面是他的回忆：

"当我还是一个小孩子时，我被认为是一个应该下地狱的人。无论何时出了什么事，诸如母牛从牧场上放跑了，或是堤坝裂了，或者一棵树被神秘地砍倒了，人人都会不约而同地怀疑：这是小拿破仑·希尔干的。而且，所有的怀疑竟然都拿不出证据来！我母亲死了。我父亲和弟兄们都认为我是恶劣的，所以我便真正是顽皮恶劣的了。如果人们不这样看待我，还有什么说的，我也不致使他们失望！"

"有一天，我的父亲宣布：他即将再婚。我们大家都很担心：我们的新'母亲'是哪一种人。我本人断然认为她是不会给我一点同情心的。这位陌生的妇女进我们家门的那一天，我父亲站在她后面，让她自行对付这场面。她走遍每一个房间，很高兴地问候我们每一个人。我直立着，双手交叉叠在胸前，凝视着她，我的眼中没有丝毫欢迎的表露。"

"我的父亲说：'这就是拿破仑，是希尔兄弟中最坏的一个'。"

"我绝不会忘记我继母是怎样对待父亲这句话的。她把她的双手放在我的两肩上，两眼闪耀着光辉，直盯着我的眼睛，这使我意识到我将永远有一个亲爱的人。她说：'这是最坏的孩子吗？完全不是。他恰好是这些孩子中最聪明伶俐的一个，而我们所要做的一切，无非是把他所具有的伶俐品质发挥来。'"

"我的继母是鼓励我依靠自身的力量，制订大胆的计划，坚毅地前进。后来事实证明正是这种计划就是我事业的支柱。我决不会忘记她的教导：'当你去激励别人的时候，你要使他们有自信心。'"

"我的继母造就了我。因为她深厚的爱和不可动摇的信心,激励着我努力成为她相信我能够成为的那种人。"

大家一定会提出疑问:照这么说,我们只要评价孩子"听话",他们就不淘气了,只要评价孩子"聪明",他们就不"笨"了,只要评价孩子勤快,他们就会包揽所有的家务,哪有这么容易的事?问得好。事实上,任何一种教育方法都不能保证在所有的孩子身上都会收到理想的效果。但有一点是可以肯定的,如果经常地给予孩子积极评价,那么,孩子就可能显得更好一些。反之,他们则可能变得更糟。这一点不仅适用于成年人,特别适用于孩子,因为除了按社会标定来整饰自己外,孩子还有着更为强烈的赞许动机。

此外,标定激励法的有效性并不应仅限于一句口头说出的话,还在于父母的"内心标定"。只有当父母从内心真诚地希望孩子,并对此抱有信心时,孩子才会不仅通过语言,同时也通过父母的神情、行为确切的感到这种激励的力量。正像拿破仑·希尔的母亲那样,使孩子的心灵受到真正的震动。否则,言不由衷的"那句话"则不起任何作用。甚至还会被理解为讥讽。要知道孩子是善于察言观色的,你骗不了他们。

4. 衰减消失法

家长最感到头痛的,往往就是孩子不听话、任性、撒泼,在这种情况下,你喜欢采取什么方式呢?

惩罚他的这种态度;

对他讲道理;

不理他;

不理他,过后找机会进行教育。

我们认为采用第四种方法往往效果更好。在这种情况下,对孩子讲道理,他们根本听不进去,惩罚有时管用,但很少真正有效。当孩子表现出不

良行为时,我们采取衰减消失法,即不理他,使其行为逐渐减少乃至消失。这种方法对于那种主要是企图引起你的注意的行为特别有效。

【案例】

四岁的刘懿,动不动就发脾气。给她父母带来了不少的烦恼。父母越不希望他胡闹,他就越要捣蛋。家里来了客人,他更是如此。他的父母在这个小反叛者身上使用了十八般武艺:好言相劝、责骂、罚他站墙角、打他的屁股……可全是枉然,刘懿总是故伎重演,任性胡闹,稍不留意就躺在床上撒泼、打滚。最后,父母也无计可施了。一天傍晚,刘懿的父母吩咐他去洗手,在他拒绝服从的情况下,母亲打了他一下。于是,他大发脾气,滚倒在地,尖声的号叫着,用头撞击地板,双脚乱踢乱蹬,两只小胳膊横七竖八的乱舞,父母不知怎么办,所以未采取任何行动,只是继续看报。小坏蛋刘懿没想到他们会这样。他爬起来,看看父母,又重新滚倒在地,开始了第二幕。父母还是没有反应。于是,它的号叫突然停止了下来,走到父母身边,摇摇她的手臂,然后倒在地上开始了第三幕。父母还是没有反应。于是,这个捣蛋鬼便自觉没趣,不一会,便停止了撒泼,在地板上玩起小汽车来了。父母注意到这种变化,就及时地总结经验,遇到类似情况就照此办理,不久,刘懿的无理取闹逐渐减少,乃至不再发生。专家指出刘懿的撒泼胡闹行为显然是对父母的操纵。他的发脾气就能引起父母的注意,使两个强有力的大人心烦意乱、极度不安,这正是他所希望的结果。对于别的孩子,进行惩罚,包括打屁股能消除他们的行为,然而,对于刘懿这样的孩子来说,打屁股只可能使他更为兴奋,因为他的动机总算有了结果,他们又注意我了。

衰减消失法并非单纯的"不理"。当"不理"削弱了孩子的攻势后,父母还应"乘虚而入",不失时机地进行教育,并表示在类似的情况下"不理"的决心,从而巩固成果,使孩子从理性上真正地认识到任性撒泼是行不通的。

请不妨按下列方式去试试：

当孩子确实是无理撒泼时，暂时不要理睬他，但也不要在旁边说赌气话："哭嘛，看你能哭多久"，你可以适当地收掉一些孩子撒泼时可能损害的东西，然后当着孩子的面关上门，离开房间。注意，决不能中途投降。当孩子泪水的俘虏。细心的父母只要留意观察一下就可以发现，此时孩子的哭闹具有明显的表演性质。观众不在场，"演员"就会很快停止撒泼，但是如果屋中还有人活动时，他往往又会很快地进入角色，大哭大闹起来。有这么一则故事：一个孩子头上撞了一个包，哭丧着脸回到家中，母亲见后惊讶问他："你怎么啦？""摔了一跤。"孩子回答。"你哭了吗？""没有，因为那儿没人听见"，孩子认真地说。

在撒泼的气势淡化之后，孩子也不再哭闹时，父母就可以对他进行不应该这么做，而应该怎么做的教育，使孩子认识到父母并不是不喜欢他，而是不喜欢这种行为。这样，就可以防止孩子产生情感错觉，怨恨父母。注意，你一定不要忏悔，流露出迁就和怜悯之心，否则，势必后果不良。当孩子听到从父母口中说出"哎，哭成这样，是妈妈不好，宝贝。"这类的话时，他无疑是得到了很好的奖励。

5. 延缓反省法

经常有这样的情况，孩子（主要是指大孩子）在遇到比较激烈的想法、矛盾或比较复杂的情况影响时，往往一时转不过弯来，甚至与父母形成对抗的僵局。这时候，我们不必去追求什么"立竿见影"，可以采取"延缓"的办法，暂时将问题先搁下来，进行"冷处理"，然后择机进行教育。

例如：有一次，邻居的小孩往张生家的窗户投石头块，张生的孩子前去劝阻，反而遭到这个小孩的辱骂，不堪入耳。于是，他气愤不过就打了对方一个耳光。邻居听说后，带着小孩气势汹汹地找上门来，孩子不仅不认错，反而自恃有理。在这种情况下，张生没有指责孩子，只是叫他回到卧室去，

并拿了几本画报让他看，到了吃晚饭的时候了，张生来到卧室里，见孩子的怒气已经平息，正心不在焉地听收音机。于是，便对他说："如果你冷静下来，就应该去向人家道歉，因为，你比他大，同时，也不应该动手打人家！"他羞愧地低下头，照大人的吩咐去做了。

经验告诉我们，"时过境迁"后，考虑同一问题，就可能得出不同的结论。在对方极端固执的情况下，我们可以采取"今天听，明天说"的技巧。当时不反驳，静静地听对方说，当对方经过一段时间的冷静后，在说出自己的主张，对方就可能理解，接受了，当天写的情书，第二天看了会脸红，寄不出去，那是因为隔了一段时间，人们就会更冷静客观一些，一个人在晚上做出了自杀的决定，然而在阳光明媚的早晨，他却会抛弃这个主意，并为此感到羞愧。

"时间差异术"启示我们：孩子的态度转变，总是需要一个过程。这个过程既包括理性认识的苏醒，也包括不良情绪的优化。因此，家长在这类的情况下。就不要步步紧逼，否则，往往会欲速则不达。这就是说，我们不仅要善于管教，也要善于等待，让孩子有一个自我认识的机会。

除了延缓外，父母还可以制造某种情境让孩子自省，不必引导。当明显的事实能够使孩子认识到自己的错误时，同时错误的性质并不严重，我们就可以"回避"，创造条件让其自省，而不必非要"穷追不舍"，特别是在公开场合。这样所造成的影响往往更为深刻。因为有时候，宽容引起的道德震动往往比惩罚更强烈。苏联英雄舒拉小时候，一次跟别的孩子打架，把大衣撕破了。母亲看到被撕破的大衣，又气又恨又难过，但她没有大声斥责孩子，而是默默地一针一线地缝补着大衣，一直坐到深夜。这种长时间的沉默，无异对舒拉是一种严厉的惩罚，使他在母亲的沉默中感受到良心的责备，用舒拉以后的话说，是"经受着一种难以忍受的痛苦的心灵的鞭

挞。"舒拉起初一直羞愧地注视着母亲，最后实在忍不住了，便向母亲痛悔地说："妈妈，我以后永远也不再这样了。"

很多父母认为，孩子一旦出了错就应该及时管教，不然，那还了得。这些父母忽略了这样一个问题：许多事情在父母看来是不能容忍的，而对孩子来说，确实出于正常的天性。孩子泼了牛奶，这是正常的，因为他还小，你小时候没有打破过碗？孩子贪玩这有什么，不喜欢玩的孩子到哪去找？不喜欢玩的孩子实际算不上孩子。衣服穿一天就脏了，这怪谁，他们接触的就是孩子的天地，不像你坐在办公室里，一尘不染。他们爱吵闹，谁让他们是孩子呢？要是他们都像你一样正儿八经地不苟言笑，那世界多么乏味！他们动不动就哭！唉，谁让他们是弱者呢！要知道，哭泣往往是孩子的保护性本能。请不要用大人的标准衡量孩子，不要抹去孩子应有的童年！

作为家长，我们往往也忽略了这样一个问题，什么都管，势必就管不住、管不好。孩子之所以不听话，其中原因很可能就是你管的太宽。由于整天唠叨，你的话已经失去了应有的分量，你知道"虱子多了不咬人"这句话的含义吗？要知道，由于你的唠叨，孩子不仅会觉得厌烦，甚至还会讨厌你这个人，从而诱发超限逆反现象。

客观的说，孩子并不是没有过错，但也并不是所谓的"坏孩子"。问题在于：谁家的孩子没有过错，过错的性质，程度如何。如果父母坚持"完人"的标准，那么，孩子就可能一无是处，甚至孩子的优点也被视为缺点。由于父母亲的标准过高，一发现孩子的过错就神情紧张起来，断定孩子"变坏了"，从而小题大做，步步紧逼，也由于孩子具有一定的自我意识，强烈渴求自主地位，加之因自尊心受到伤害后所滋生的反感，这样，不服管教，诱发逆反心理则是不可避免的了。

建议父母，停止唠叨，在一段时间内，一反常态的尽量少说话，甚至对

孩子的言行"视而不见，听而不闻"，只是"默默地"包揽所有家务，以这种独特的方式引起孩子的注意，警觉，自省，用这种方法看一看如何。

6. 行为训练法

心理学研究认为，态度对于人的行为具有指导性和动力性的影响，反过来，行为对于态度也具有影响作用。因为人们总是倾向于平衡一致的状态，在态度与行为不一致的情况下，人们要么改变态度以同行为协调；要么改变行为以协调态度。这就是说通过行为改变来促进态度改变也是一种可能的途径。此外，在行为后面，可能有态度方面的原因，也可能有习惯、性格方面的原因。通过行为改变也可以促使习惯、性格的改变。"行积成习，习积成性"吗!

孩子的"不听话"，既可能涉及态度方面的原因，也可能涉及习惯、性格方面的原因。我们可以采取说服、惩罚、模仿等方式进行教育，而当孩子的"不听话"涉及习惯及性格方面的原因时，我们则应该注重"行为训练"这一方法，使孩子反复地进行某一行为，以使其转变不良的态度，克服不良习惯，矫正不良性格。孩子打碎了瓶子，当然不是有意的，往往是粗心大意的习惯或性格造成的。在这种情况下，给他讲道理或要他模仿自己不一定奏效，因为习惯与性格的问题并不是仅仅认识到了或通过模仿就可以解决的，一定要通过自己的实际行为来改变。当我们再给他一个瓶子让他去买油或酒时，孩子势必就会更加小心翼翼，如此反复，才能通过多次的行为训练消除不良的习惯与性格。

行为训练法包括"接触训练法与参与训练法"，接触训练法就是使对象反复接触某类事物，以逐渐弱化甚至消退这类事物引起的不良反应。

在家庭教育中，父母可以运用这种方法来纠正孩子的某些不良习惯或性格，以孩子胆怯为例。

【案例】

3岁的豆豆总是怕黑暗，虽然房间里整夜开着灯，她的寝室也敞开着，可她还是不敢一个人呆在房间里，每天晚上，豆豆总是要母亲坐在那儿一直陪她入睡，偶尔夜里醒来也会吓得大喊大叫，在没有人伴随时，她连一间灯光暗淡的房间都不敢进。就在这个时候，孩子的妈妈找到专家，专家建议她对孩子进行行为训练试试。

妈妈买了袋糖，放在豆豆寝室门口，然后打开房间的灯，告诉豆豆她能在关着门的寝室里呆上10秒钟，她就能得到一块糖，这第一个步骤并不那么危险，所以豆豆喜欢这个游戏。如此反复了几遍后，，妈妈叫豆豆走进关了灯但敞着门的寝室，等她（坐在孩子看得见的地方）数10下后再出来。豆豆完成了这个任务，又得到了一块糖。如此反复了几遍之后，再让她走进敞开着门的卧室或只留着一条缝的卧室。最后，孩子已有勇气走进完全关着门，关着灯的卧室。等她妈妈数10下后才出来。渐渐地，她呆在黑暗的关着门的房间里的时间越来越长，这没有带来恐惧，却带来了糖果（这个孩子最喜欢吃的东西）。她的勇气得到了强化，而胆怯却被消除了。在她恐惧的链条被打断后，取而代之的是更为健康的态度。

接触训练法也可以在不自愿的条件下进行，如强迫孩子劳动，使之逐渐克服"懒惰"的习惯和性格。

作为父母，如果不理解劳动对于孩子的意义，那他们肯定是不称职的家长。孩子从幼年起就参加力所能及的家务劳动，不仅有助于培养热爱劳动的感情，勇于克服困难的意志以及诚恳踏实，关心他人的作风，同时也有助于孩子的智力和体质的发展。如果孩子从小形成了好逸恶劳、贪图享乐、唯我独尊、自私自利的习气，那么父母就更难管了。孩子长大后也难以适应社会生活和社会规范，反而害了孩子。孩子一生下来，自然就是家中的一员。当孩子自己参加了一些家务劳动，对家的感情就不同了。因为其中也有自己的劳动汗水。而衣来伸手，饭来张口，常常不会理解父母的治家之难，

也缺乏应有的责任心。当孩子参加了一些家务劳动后，他们才会体谅到父母的难处，体验到自己也应对家承担一定的责任，这样，父母与子女间的感情就更能融合在一块了，共同的语言更多了，家务劳动对孩子来说是"生活的小百科全书"，聪明的父母把它作为孩子的必修课，当然，它也是家庭教育的必要途径。事实证明，喜欢帮助父母做家务的孩子总是显得更为懂事，用不着父母操更多的心。

参与训练法是指安排对象担任一定的角色。参加某一项工作。家庭教育中的参与训练更多地是由孩子担任"管理者"的角色，通过管理者的行为来促使自己的态度和行为的改变。

【案例】

暑假期间，王家成了孩子们的"夏令营"，侄儿、侄女，以及王家自己的孩子聚在一起，其喧闹程度可想而知。一个孩子往往就够家长头痛的了，何况又来了四位！其中，侄女王佳年龄最大，最为淘气，也最不服家长管教，于是，老王毅然决定，任命王佳为孩子的"首领"，职责是："管好弟弟妹妹，按时做作业，不准淘气。"王佳获得这个任命后，有点受宠若惊，说是虚荣心也好，说是自豪感也行。总之，她是很看重这个职务的。在以前，她还没有担任过"管别人"的职务呢。一个少先队的小队长就能让她眼红，嫉妒死了。行使职权后，这个孩子立即变得严肃起来，有时还显得心事重重，责任重大嘛！她不仅按时完成作业，不再像过去那样到处乱跑、吵闹，还紧紧地盯着弟弟妹妹："不准看电视，快做作业！""吃饭不要说话，快吃！""把衣服放好，不要乱扔！""把眼睛闭上，快点睡觉！"当然，她也往往"滥用职权"，惹得其他孩子前来告状。参与训练法对孩子来说，既是个锻炼，也是个很好的改变不良行为的好办法。

以上讲了儿童矫治不良行为的方法，就像医院大夫治病一样，青少年不良行为多种多样，使用方法也是灵活多变。

第四讲　关键期与大脑潜能开发

班主任指导家长教育子女时，必须把握关键期，共同开发孩子的智能。

一、把握关键期发掘孩子天赋

（一）什么是关键期

关键期是人类的某种行为和技能，知识的掌握，在某个时期发展最快、最易受影响的时期。如果在这个时期施以正确的教育，就会获得事半功倍的效果。而一旦错过了这个关键期，就需要花几倍的努力才能弥补，或将永远无法弥补。关键期的发现，对人类文明进步，对孩子的教育都具有十分重大意义。这种重大意义绝不会亚于自然界任何一项重要发明创造。

为什么说"关键期"是造就天才的最佳时机？这是因为，在孩子的关键期内，父母能够花最小力气，获得最大的成果。

抓住了关键期，就得到了发掘孩子天赋潜能的金钥匙；把握了关键期，你就能轻松地实现你的梦想！

教育孩子，父母都是宁愿流大汗，出大力，可是常常或有力无处使，或出力不讨好。无论是哪种情况，都是父母不明白怎样发掘孩子的天赋，怎样才能获得事半功倍的效果。俗话说："春来不下种，秋苗无处生。"孩子的

春天就是关键期，父母的教育就是种子。如果错过了关键期，孩子的巨大潜能就白白地浪费了。父母千万要注意，一旦错过了关键期，你即使花再大的力气也很难取得预期效果。

教育孩子，父母是必须花费力气的。可是不能使用愚公移山那一套（因为时间不等人），而要使巧劲、用巧力。这个"巧劲"、"巧力"就是在孩子的关键期实施恰当的教育，完全发掘孩子潜能。

这绝不是凭空瞎说，不负责任的幻想，这是有科学依据的。

1935年奥地利动物学家洛伦茨做了这样一项实验：刚出生的小鹅，如果最初看见了洛伦茨，小鹅就会跟洛伦茨走。如果不让小鹅看到活动物体，两个星期之后，它就失去了"认母"的能力，也就不会出现这种行为了。

洛伦茨把小鹅认母的这种行为称为"印刻"现象。科学家把人类的这种现象称为关键期。这个发现对人类文明进步、对孩子的教育都有十分重大的实践价值，因而获得了1965年的诺贝尔奖。另一项研究"关键期"获得诺贝尔奖的人是美国科学家休贝尔。休贝尔做了一项"盲猫"的实验。休贝尔把出生刚刚4周的猫眼缝合起来，一周后拆线。结果发现，猫的视力全部丧失。在电子显微镜下进行观察，猫的视神经萎缩，而四、五周之外的猫进行同样实验，不会造成猫视力的剥夺（4周就是猫视力的关键期），休贝尔的实验为洛伦茨的发现提供了有力佐证，他因此也获得了诺贝尔奖。

请看下面故事：

【案例】

1920年，在印度加尔各答东北山区发现了两个从小被狼叼去，并且被母狼抚养大的女孩子。当时，其中一个大的已经八岁，后来被取名卡马拉，小的两岁，取名阿马拉。人们从狼窝里把她们救出之后，送到一所孤儿院。她们对人很恐惧，用四肢走路，叫声似狼，吃东西用嘴撕。总之，一切都是狼性，没有一点人性

味。

大家对狼孩进行了精心教育，阿马拉不久就学会说话，在一年后因病死去。卡马拉活到17岁，虽然经过专家的调教和在人的社会生活，使得卡马拉去掉了一些狼的习性，逐渐学会了适应人的社会生活，如穿衣、直立行走，知道了一些简单的数字和50个左右词汇，能讲一些简单的话。但经过智力测验，卡马拉17岁的智力水平只相当于3岁半儿童，而且她的智力永远也不可能达到正常的同龄人的水平了，永远失去了成为成年人的机会。

从上例足以表明，即使有正常的遗传基因，但如果错过了发展某段时期，就会造成永远无法弥补的缺陷。也就是说，在人的发展过程中，存在着非常重要的"关键期"。

认识人类身心发展的关键期是很重要的，然而更重要的是要创造设计出一套科学、系统、操作性强、适应性广的针对关键期的训练方法。也就是说，只有按照儿童身心发展规律，恰当把握关键期，实施有效的方法，才会收到事半功倍的效果。

科学研究表明：一般来说，人脑的潜能只发挥了不到10%，而90%的潜在能力被浪费掉了。

人脑的潜能是如何被浪费掉了呢？

孩子出生后一年内，神经结构、机能等方面的发展非常迅速，是出生后发展最快的时期，脑重迅速增加近900克，三岁时增加到1000克，七岁时为1280克，已经接近成人的水平了。七岁以后就非常缓慢了。科学家研究发现，在常规环境中生活，儿童大脑各部分神经细胞则按一般的速度发育，如果外界适宜刺激越频繁，越强烈，则脑神经细胞的发育速度越快，并趋于完善。有人估计，超前教育的儿童到了7岁，他的脑神经细胞可能已经发育了25%，而一般儿童的脑神经细胞也许只发育了10%，至于那些在贫乏环境

中生活的儿童脑神经的发育更少了。

人的大脑结构非常复杂，它有明确分工的：有的管视觉，有的管听觉，有的管语言，有的管情感等等。如果某一部位出了问题，则某一功能就会发生退化或者消失。如果经常刺激某一功能区，这功能区就会强化、就会发展，如果我们忽略或者不对某一功能区进行刺激，则该功能区就要退化乃至消失，这就是用进废退的法则。

美国著名的心理学家布鲁纳经试验观察得出结论。他说："如果把十七岁时的人所达到的智力水平定为100%，那么出生后四年即可获得50%，到八岁已获得80%，从八岁到十七岁只能获得20%。可见一个没有受到早期教育和环境丰富刺激的儿童，在学习上要比受过刺激的儿童吃力很多，那么因为他的部分脑细胞由于没有使用而急剧老化了，因而失去很多本来可以获得而没有获得的功能。"

孩子智力水平是有差别的，但是超级的神童终极是少数，那么愚钝的孩子也是少数。绝大多数的孩子都处于一般的水平，大概要占百分之九十几左右。这就是说大家都是站在一个起跑线上。同时我们还要认识到所有的孩子都有无限的潜在能量，作为父母应该认识到这一点，应该相信这一点，不要错过上天赐予我们的恩惠。你的孩子可能没有这方面的潜能，但还有另一方面潜能：可能没有智力方面潜能，可能有体育方面的潜能，当一个姚明式运动员也不错啊；你可能有绘画天才。潜能体现在每个人身上各不相同。美国心理学家加德纳博士把人的潜能归结为八个方面，这就是他的"多元智能理论"。

他归纳为：

语言文字智能：有效运用口头语言或文字的能力；

数学逻辑智能：有效运用数字和推理的能力；

视觉空间智能：准确感受视觉空间，并把所知觉到的表现出来；

身体运动智能：善于运用整个身体表达想法和感觉，以及运用双手灵巧地生产或改造事物；

音乐旋律智能：察觉、辨别、改变和表达音乐的能力；

人际关系智能：察觉或区分他人的情绪意向、动机及感觉的能力；

自我认识智能：有自知之明，并据此作出适当行为的能力；

自然观察智能：热爱自然，并对自然做出反映的能力。

这八种智能代表每个人八种不同的潜能。这八种潜能在每个人身上都不同程度的存在着，不过有多少不同而已，如果你在某方面有兴趣，潜能的倾向性强烈些，则可以在这方面下些苦功，就可以在这方面发掘出成果来。

(二)都有哪些关键期

1. 秩序关键期(2-4岁)。

孩子需要一个有秩序的环境来帮助他认识事物，热爱环境。一旦所熟悉的环境消失，就会令他无所适从。幼儿的秩序敏感力常表现在对顺序性、生活习惯、所有物的要求上，如果成人没能提供一个有序的环境，孩子便"没有一个基础以建立起对各种关系的知觉"。当孩子从环境里逐步建立起内在秩序时，智能也因而逐步建构。

2. 感官关键期(0-6岁)。

孩子从出生起，就会借着听觉、视觉、味觉、触觉等感觉来熟悉环境，了解事物。三岁前，孩子透过潜意识的"吸收性心智"吸收周围事物；3—6岁则更能具体地透过感官分析、判断环境里的事物。父母可以在生活中随意引导孩子运用五官，感受周围事物。尤其当孩子充满探索欲望时，只要是不具有危险性或不侵犯他人他物时，应尽可能满足孩子的需求。

3. 对细微事物感兴趣的关键期(1.5-4岁)。

忙碌的大人常会忽略周围环境中的微小事物,但是孩子却常能捕捉到其中奥秘。因此,如果孩子对泥土里的小昆虫或衣服上的细小图案产生兴趣,正是培养孩子具有巨细无遗、综理密微的习性的好机会。这个时期,孩子整天问这问那,问题特别多,父母对这种现象千万不能置之不理,或表现得极不耐烦。应该注意积极引导,培养孩子了解事物的兴趣,以便最大限度的开发孩子的大脑潜能。

4. 动作关键期(0-6岁)。

两岁的孩子已经会走路,是最活泼好动的时期,父母应充分让孩子运动,使其肢体动作正确,熟练,并帮助左右脑均衡发展。除了大肌肉的训练外,小肌肉的练习,亦即手腿协调的细微动作的训练,不仅能养成良好的生活习惯,也能帮助智力的发展。

5. 社会规范关键期(2.5-6岁)。

两岁半的孩子逐渐脱离以自我为中心,而对结交朋友、群体活动有兴趣。这时,父母应该给孩子建立明确的生活规范、日常礼仪,使其日后能遵守社会规范,拥有自律生活。

6. 书写(3.5-4.5岁)和阅读关键期(4.5-5.5岁)。

孩子的书写能力与阅读能力虽然较迟产生,但如果孩子在语言、感官、肢体动作等关键期内,得到了充分的学习,其书写、阅读能力就会自然产生。此时父母可多选择读物,布置一个充满书香的居家环境,既能使孩子养成爱读书的好习惯,又能解决孩子一些"莫名其妙"的问题。

7. 文化关键期(6-9岁)。

幼儿对文化的兴趣起于三岁,而到了6-9岁则出现想探究事物奥秘的强烈需求。因此,这时期"孩子的心智就像一块肥沃的土地,准备接受大量

的文化播种。"成人可以在此时提供丰富的文化内容，以本土文化为基础，延展至关怀世界的大胸怀。除以上提到之外，还有2–3岁是孩子学习口头语言的关键期；3岁是计算能力发展的关键期；3–5岁是音乐能力发展的关键期；3–8岁是学习外语的关键期；4岁以前是形成形象视觉发展的关键期；5–6岁是掌握词汇的关键期；9–10岁是孩子行动由注重后果过渡到注意动机的关键期；幼儿阶段是观察发展阶段关键期；小学二年级是学习习惯培养的关键期；小学三四年级是纪律养成的关键期；小学五六年级、初、高中是逻辑思维发展的关键期；小学阶段是记忆发展的关键期，是记忆的黄金时代；初中阶段是意义记忆的关键期；9–10岁左右，儿童的记忆模仿力较强，理解力和逻辑思维能力相对弱一些，此时，以加强语文和外语的学习为宜，9–11岁对外界知识的兴趣越来越浓；12–14岁达到高潮。

关键期是自然赋予孩子的生命魔力，因此，在关键期内，如果孩子生理和心理需求受到妨碍而无法得以恰当的发展，就会失去最佳时机。无论是能力还是孩子的智力，都会受到很大的影响，促进孩子天赋的发展，是父母神圣的职责和义务。

要把握好这些关键期，父母必需做到：

1. 把孩子当成是有完全行为能力的个体。

这个道理很简单，任何孩子都是一个天生的学习者，尊重孩子的自然属性，他们就会循着自然的法则健康成长。也就是说，孩子是能够在正常的环境中不断的成长为有能力的个体，父母的责任是为孩子提供一个正常的环境。这是一个观念，只有你改变了原来的不正确的观念，才能对此有深刻的认识。

2. 有了一个好的观念并不等于高枕无忧了，父母还必须时刻注意孩子关键期的到来。

每个孩子都有关键期，可是不是每个孩子的关键期都是一成不变的，而正相反，每个孩子的关键期出现时间并不相同。因此父母就必须认真地观察，以客观的态度，细心观察孩子的内在需求和个别特质，把握着孩子关键期的到来，随之给孩子提供必要的条件。

3. 及时给孩子提供必需的环境和条件。

父母对孩子的行为举止必须认真地观察和分析，并作出客观的评价，一旦确定孩子到了某一个关键期，父母就要竭尽全力，为孩子准备一个能够满足这个关键期所需要的条件和环境。

4. 鼓励孩子，自由探索，勇敢尝试。

在一个适当的环境里，孩子就会感到自由而快乐，孩子就会感受到父母的关爱和依赖，虽然孩子不可能用语言表达，可是他们会用欢乐给父母最明显的回答。因此，孩子也就会在这种环境里自由探索，大胆尝试，在不知不觉中，孩子的天赋就会得到很好发挥。

5. 父母的责任是协助而不是干涉。

在这个过程中，孩子可能会做出一些父母意想不到的事情。遇到这种情况，父母不是出面干涉，而是尽量地努力帮助孩子寻找其合理性，并加以良性引导，比如孩子热衷于某种事情时，父母必须放手让孩子自己做，而不是越俎代庖。这个时期，孩子所做的事情可能是力所不及的，可能还是一种添乱的举动，父母是不是能够容忍，这是检验父母是不是明白了我们一再提醒的方法。当然，我们不是主张对孩子放任自流，而是发挥父母的主导作用，发挥孩子的主体作用。父母的责任是协助和指导。

（三）怎样促进大脑发展

重视孩子的早期教育，促进孩子的大脑发展，已经成为每个父母的共识，那么，怎样促进孩子大脑发展呢？最简单而有效的方法是把握住孩子

大脑迅速发展的关键期。意大利儿童教育专家蒙台梭利指出："儿童出生后三年的发展在其程度和重要性上超过儿童一生的任何阶段。"科学研究表明，要开发孩子的智力，3岁以内是黄金时期，美国格兰道门教授认为："每个正常的婴儿，出生时，都具有像莎士比亚、莫扎特、爱迪生、爱因斯坦那样的潜能，聪明和愚笨一样，都是环境的产物。"

我们为何对大脑格外关注？这是因为大脑对于人的发展的作用实在太大了。

要使大脑生长发育良好，应从两方面努力：一是进行良好的信息刺激，提高大脑的功能；二是提供良好的营养，充足的氧气，优越的环境，就能促进大脑组织的生长，完善大脑结构。前者为大脑功能提供精神食粮，后者为大脑发育奠定物质基础。两者结合才能使婴儿具有发达的大脑，聪慧过人。

无数事实证明，孩子是否能够成为天才、人才，决定的因素不是天赋，而是取决于在0~6岁时对孩子天赋潜能的开发。

19世纪初，法国教育家卡尔威特的儿子小威特先天不足，于是，威特针对小威特的情况制定了一套教育计划，以培养孩子对事物的兴趣和求知欲，结果令人惊叹，小威特8岁时已能自己运用德法等6种语言，通晓物理、化学，尤其擅长数学，9岁考入大学，14岁获得哲学博士学位，两年后又获得法学博士学位，成为柏林大学法学教授。

既然普通孩子经过早期教育能够成才，那么，为什么有的父母费了九牛二虎之力，却见不到成效呢？问题就出现在父母不会运用科学的方法，没有把握好大脑发展的关键期。

父母应该根据自己的孩子的特点因材施教，把握好一些最基本的原则：

（1）培养孩子的兴趣，而不是把父母的愿望强加给孩子。孩子一出生就是一个对环境有着浓厚兴趣的积极探索者，求知欲很旺盛。对任何事情都要弄个明白，培养孩子对各种事物的兴趣是早期智力开发的一个重要方面。

（2）教育孩子要注意循序渐进，而不能贪功冒进，教给孩子的知识由浅入深，教育的方法由易到难。一般说来，孩子的时间都是充裕的，因此千万要注意在对孩子进行基本知识和基本技能训练时，一定要稳扎稳打，不要急于求成，须知吃"夹生饭"绝对是出力不讨好的，一旦吃了"夹生饭"要纠正过来就不容易了。

（3）只能顺应孩子的发展，而绝不能拔苗助长。万事万物都有自己生长、发展、变化规律。比如，孩子都会表现出积极地求知欲望，这是必然的。父母的责任就是引导和关心这种求知欲望。实践证明，这种欲望一旦被父母有效点燃，也就是让求知欲与对象之间发生了探究关系，那么，孩子就会迸发出强烈的主动性。如果强制性压力过大，不但会挫伤孩子的学习兴趣，而且会抑制孩子的独创精神的发展，其后果往往是得不偿失的。

（4）开发儿童的天赋的途径是多种多样的，绝对不是只有一种或几种。每个父母都应该根据自己的孩子的特点，从不同的渠道，进行有计划有步骤的开发和教育。

下面是一些最常用的方法：

（1）做游戏是促进孩子智力发展的最好形式，在丰富多彩的游戏里，孩子的各种能力都能得到迅速发展，并可养成孩子克服困难、勇敢机智、相互帮助、互相配合、团结友爱的良好品质。

（2）讲故事不仅能扩大儿童的知识面，而且有利于发展孩子的记忆力和口头语言的表达能力。在讲故事的过程中，可以在情节转折处提出适当

的问题，让孩子猜猜结尾如何，并讲讲自己的想法，或者教孩子续下半部故事，或者教孩子分析故事中人物性格等，以训练孩子的想象力和创造力。第一天父母讲的故事，第二天叫孩子复述，以培养孩子的记忆力和讲话能力。

（3）听音乐可以促使孩子的听觉敏锐程度不断提高，在听音乐过程中，要引导孩子注意听，引导他们观察教者的示范，帮助他们记住歌词、曲调、节奏等，在这些活动中，孩子的注意力、记忆力和观察力等都能得到发展。

（4）对孩子来说，学绘画是一种创造。如果这时产生的想象力和创造力一经压制，就很难再萌发，想象力和创造力对人的一生的智力发展起着重要作用。

总之，对孩子的早期启蒙教育，要因材施教，多渠道地灵活进行，如果没有在关键期对孩子进行有效开发，任其自然生长，就会浪费最宝贵的时间，使大脑细胞发育废止，树突生成少而短，细胞与细胞间联系不紧密。如果婴幼儿在成长过程中错过了大脑生长发育期的开发，脑组织结构就会趋于定型。潜能的开发就会受到限制，即使有优越的天赋，也无法获得良好的发展。

（四）遵守心理规律开发孩子潜能

1. 健康心理形成，注意6个关键期。

心理学家研究发现，孩子从出生到成熟（0—18岁）要经历6个关键期：

0—1岁：

在一岁之内，每个孩子的智能发育的正常规律如下：一听二视三抬头，四撑五抓六翻身，七坐八爬九扶站，十捏周岁独站稳。

但是，父母不应坐等孩子自行发展，而要主动地训练孩子进行这些活

动,否则就会影响孩子今后的许多大脑功能的发育,如注意力、语言、动作协调等能力。一直到3岁以后,对孩子的训练应着重知觉——动作的训练,练习爬行、蹦床、滑梯、平衡木、抛接球、拍球、跳绳等。

1-3岁左右:

3岁以前的孩子多见任性、发脾气,不愿上幼儿园,胆小、多动等问题。3岁的孩子第一次有强烈的独立倾向,也就是父母感觉到的"逆反",他们开始要求"我自己来!"尽管他们会把饭吃的到处都是,把东西弄得乱七八糟。但他们还是要求自己干,而不让父母帮助。面对这种情况,父母不要强迫和压制孩子的独立意识,而要因势利导,训练和培养孩子的独立操作能力。这时孩子开始具备具体形象思维,口头语言表达能力发展迅速。父母可以开始给孩子讲故事、教他们识字、数数等。但不要占用时间过长。要有意识地带孩子与外界交往,锻炼孩子的胆量,继续训练孩子的知觉、动作综合能力,不要限制孩子活动。

2-3岁是儿童心理发展的一个转折期,心理学家称这一时期为"第一反抗期"。不少父母也都有这样的经历,认为2岁左右的孩子不听话、不服管、脾气大得很。

2岁的孩子自我意识开始出现萌芽。具体表现为:

（1）孩子产生了强烈的独立性需要,出现及展示自己的行动的意愿。孩子的独立行动的意愿常常表现为坚持自己的主张,不听从父母的要求和意见。孩子出现独立行动的需要,常常会说"我自己来"、"我自己拿"等等。什么事都想自己去尝试。

（2）孩子开始"知道"自己的力量,学会了用语言指使别人。

（3）能够用语言说出自己的行为,有时也能够用语言来控制自己的行为。

（4）孩子出现占有意识。两三岁的孩子已经开始能够意识到哪些东西是属于自己的，不准别人随便拿走。

（5）随着自我意识的萌芽，孩子也会出现新的情感萌芽，比如自豪感、自尊心、羞愧感、同情心等。

在这个阶段，孩子能够行走、跑、跳。所以应该进行这方面的训练。

3—6岁：

3—6岁孩子的心理和行为特征与成人是不同的，他们的世界是所谓"物活论"的世界。所谓"物活论"就是说，孩子对外界的理解是取决于主体的情绪状态的，也就是说，孩子的行为及心理活动，明显地表现出一时性、动摇性、缺乏持续性。这与他们的智力发展关系密切。

（1）知觉

这个时期的孩子对物体的形状和色彩的智觉已经开始分化。孩子对于形状的兴趣发育比较早。从2—3岁开始，孩子对物体的形状和大小的辨别已经相当正确了。孩子对立体的判断比对平面的判断要准确一些，而对线条的判断就相对晚了。四、五岁的孩子可以区别物体的颜色和图形，能够把相同的颜色、相同的图形归类在一起。五岁的孩子对数学和文字这样复杂的图形很容易辨别，一般都可以达到很高的水平。

（2）语言

孩子出生到一岁左右，语言能力方面所能表现出来的大部分都是拟声语，此后，孩子的语言才会发展为有意义的语言。孩子开始说话的时候是说单字的话，从一个个的单字慢慢地产生了语言。

一岁半以后，孩子口里的词语增加很快，除了名词之外，动词和形容词也不断出现。慢慢地，孩子的口里也会出现两个字的语言。

两岁至三岁半之间，孩子已经能够用语言来表达过去、现在和将来的

时间概念了。一般来说，两岁半以后，孩子说话的能力发展很快。从三岁到四岁，孩子的词汇迅速增加，统计表明是孩子一生中词汇增加最多的时期。

（3）社会心理发展

两岁以后，直到四五岁，在与父母和成人的接触中，孩子渐渐表现出拒绝行为，喜欢发脾气。一般情况是，过了五、六岁孩子就形成了一定的自制能力了，与父母和成人交往也慢慢地变成比较和谐了。

两岁的孩子最显著的特征是平行性游戏。所谓"平行性游戏"，就是孩子与其他孩子并行游戏，而不是在一起游戏。两岁以后，孩子可以连续玩两人游戏。三岁以后，孩子就可以玩的二人为对手的游戏。从此以后，整个幼儿时期的游戏伙伴可多到3—4人。从3岁开始，孩子之间的争吵逐渐增多。到了5岁之后，孩子的社会性冲突及争吵才会慢慢地减少，孩子与孩子之间的友谊开始形成。

（4）游戏

3岁的孩子做的游戏，一般多为身体反复活动的游戏。比如上下台阶、跳跃、舞蹈等单纯性的游戏。3岁以后，孩子的想象力比较发达，想象的生活成为了孩子玩乐的中心。因此，他们的游戏一般是玩娃娃、做饭菜、开汽车等模仿性游戏。随着孩子年龄的增长，他们的游戏慢慢变成社会性游戏、集团性游戏了。

（5）智力游戏

这个阶段，孩子的智力游戏一般表现在摆积木、粘土手工、描画等上。开始的时候，明显带有强烈的机能游戏的性质，他们的作品通常没有任何含意，也不表现什么，只是随心所欲而已。比如他们所画的画，开始时，一般都是无意义的一堆线条，之后才能进入对事物的图形描画阶段。并且开

始时所画的事物,物品没有相应的位置,表现得零落、分散,之后才能做到位置的正确,合乎情理。

6-9岁:

这个阶段,一般情况下,孩子已经进入小学,

(1)社会心理发育:

6-8岁的孩子喜欢集体游戏。可以7-8人在一起玩很长时间,集体进行恶作剧这种现象,一般从8岁开始出现。这一时期,孩子会经常打架,而又可以立即和好。刚进入小学的时候,孩子之间还没有形成真正的集体关系。到了二年级,孩子才比较明确地意识到自己是班级集体的成员,个人应该服从集体的要求,完成集体的任务,热爱集体,产生集体荣誉感,初步形成集体意识。

9岁以后,男女孩子对许多活动,兴趣及态度出现了差别。常常是男生女生分开做游戏和交友。从这段时间开始,孩子之间形成了小团体,团体出现领头人,这些小头领往往有支配性。这时小孩子对同伴的讥讽或承认很介意,很容易受同伴的意见和暗示所影响。这时的孩子对装束打扮不在意,甚至对身体脏污、内衣外露也会不介意。

(2)情绪发育

6-8岁的孩子,情绪很容易波动,对父母情绪变化很敏感。与幼儿期相比,他们的情绪变化得比较复杂,持续的时间也比较长。但是激情开始减少,发脾气的阶段已经过去了。9岁以后,孩子的情绪变得更加复杂。孩子已经不太腼腆,自我克制的能力增加,为了自己获得安全感,常常需要他人的爱护和同情。

(3)智力发育

6-7岁的孩子一般都会渴望上学,成为一个"光荣"的小学生。小学

一二年级的时候，孩子的想象与现实之间的分化尚未完成。这时的孩子已经能够默默地思考问题了。

6岁时，孩子因为语言能力及词汇明显增加，对概念的理解渐渐向理论性方向分化。一二年级的孩子的理解是比较具体的。对抽象概念理解起来常常比较困难。依靠阅读而理解的词汇数量明显增加。一年级的孩子对数的概念发展还很贫乏，只会做比较简单的加减法。他们对货币的价值还不能充分理解。一般来说6-7岁的孩子对机械性记忆比较容易，而对理论性记忆却比较困难。

9岁以后，孩子对读书内容已经开始有所选择了。男孩和女孩之间出现了差别。这段时间的孩子对所有事情都发生兴趣。有很强的好奇心，但是理解很肤浅。孩子的词汇数量很明确的增加。

到了10岁左右，孩子的机械性记忆已经有了很大的发展。10岁以后孩子可以理解抽象概念和历史时代概念。

6-7岁的孩子常见有不适应学校生活现象，上课坐不住、爱做小动作等，但学习成绩还能凑合；8-9岁（三年级）是学习障碍问题最多的年龄段。那些在早期仅发现是注意力不集中的孩子，到了这个阶段则开始出现学习成绩下降，纪律更差，不爱写作业等。

6岁左右是孩子准备入学的年龄，这一时期的孩子在各方面都表现出迅速的发展。6岁的孩子将要结束自由自在活动的日子，要在许多方面学会约束自己。总之，孩子从这时起，开始学习适应学校生活。

对于1-2年级的孩子的学习，成绩并不是衡量优劣的标准，因为这时候的课程都很简单，孩子们大都能得到90分以上，关键是注意力、自制力、独立性和培养良好的习惯等方面对他们要有更高的要求。

有些父母看到自己的孩子的学习成绩还可以，就忽略了孩子在学习能

力上的问题：如注意力不集中，写作业拖拉和不爱写作业，粗心大意，以及性格上的问题：如胆小、爱哭、发脾气等。而这些问题在8-9岁时就会更加突出地表现出来。

9岁的孩子的任务就不再是适应学校生活而是在学习能力上要求更高，在学习任务上难度明显加大。例如：在语言表达方面，对书面表达方式要求更多，对文字的理解和内在的联系要求更深；在数学方面，应用题的题量加大，对抽象思维的要求更高，运算的复杂程度加大等。好多父母和老师觉得三年级对一些孩子来说，仿佛是一个坎儿，他们会表现出这样那样的问题和障碍，如不及时解决，就会影响5-6年级的课程。在这一时期，应重点加强学习能力的培养和训练。

女孩11-12岁和男孩12-14岁：

11-12岁的孩子学习就开始难了。甚至会出现厌学情绪和逃学问题。11-12岁的孩子正是要向青春期迈进的年龄，在学习上将面临由小学向中学的转折，学习任务会比以往任何时期重要。如果孩子的学习能力在早期没有得到足够的发展，那么在这一时刻，就不仅仅是学习成绩跟不上的问题，还会存在厌学逃学问题，需要父母和老师的帮助也会更多，矫正也需要更长时间。

17-18岁：

孩子到了17-18岁的年龄就到了青春期阶段。青春期是各种心理问题的高发期。关于青春期的问题我们下面还要详细讲，这里就不多说了。

（五）警惕心理危险期帮助孩子过难关

在孩子的心理发展过程中，有两个关键期：一是3-4岁的第一反抗期，二是12-17岁的第二反抗期。这两个重要时期的心理发育状态。往往又会影响到他们今后的性格和情感的健康形成和发展。所以说是关键期，因为这

是生理、心理上的两次断乳期,第一个关键期是生理上的断乳期,第二关键期是心理上的断乳期。这两次断乳期对儿童、青少年心理的震撼是巨大的,甚至可以说是疾风暴雨式的,值得父母、老师给予特殊关注。

因此,帮助孩子安然度过"反抗期",就显得格外重要了。

在3岁之前,孩子心理上处于与父母一体的状态,3岁以后,他们能区分自己与环境的不同。产生了独立行动的愿望。当他感到自己受到限制的时候,就会出现反抗倾向。经验证明,在3-4岁期间表现出反抗精神的孩子,更容易成为心理健康,独立坚强的人,而没有反抗表现的孩子,则往往在性格上趋于软弱和寡断。

日久天长,孩子就会从反抗的不同反馈中变得聪明,变得健康。另一方面,孩子的第二反抗期也极为重要。当孩子生长到十多岁时,由于他们对事物认识能力和世界观都正在初步形成,开始进入被理解、被尊重的"第二反抗期"。此时他们总会有一种"我已长大了"的感觉,时时处处都在表现独立、自强的个性。在这两个"反抗期"内父母应注意以下三点:

其一,尊重孩子,让孩子有所选择。处于反抗期的孩子不喜欢别人吩咐他做某件事或被迫接受某种意见,哪怕这意见和行为是正确的。这时,你可以把自己所期盼的孩子接受的做法与其他几种可能摆在一起让他选择。孩子在你规定的范围行使了自主权,既让他表现了他的独立性,又往往能心甘情愿的服从你的建议,双方皆大欢喜。

其二,巧搭梯子,让孩子自然下台。孩子有时为了逞能而耍犟。这时,你要顾全他的面子,帮他搭梯子,让他体面下台。如果因此考试成绩一落千丈,你不要对他嘲笑讽刺,否则会适得其反,迫使孩子走上"反抗的不归路"。

其三,因势利导,不要破坏孩子情绪。孩子玩得高兴的时候,父母打断

而要求他做他不愿意的事情,这就是引起孩子对抗的导火线,甚至还会发展到与父母对抗。近年报刊上不时暴露的青少年离家出走,可以说是孩子在感情上与父母疏远、对抗而采取的极端之举。

以上几点,巧妙选用,就可以帮助孩子健康、自信地度过人生的两段关键的"黄金时代"。

生理断乳期,人小脾气大。

2-5岁是孩子心理发展的第一个特殊时期,我们称之为"生理断乳期",在这个时期,本来温顺听话的孩子,也会变得调皮,不听话。比如,孩子连勺子都拿不好,却偏要自己吃饭;天气凉了,妈妈让他穿外套,孩子硬是不穿;客人来了,妈妈让他有礼貌的招呼客人,他就是不理不睬;父母不准这样,孩子就又哭又闹,没完没了。虽然这些表现在不同孩子身上存在着差异,但却是一种普遍现象。孩子固执己见,挑战父母的权威,于是处在绝对优势地位的父母往往大生其气,以至于可能把孩子打一顿,因为这种方法简单省事。

其实,从孩子生理和心理发展角度看,这是一种正常现象,随着孩子活动能力的增强,知识的不断丰富,孩子心理变化急剧,特别是孩子的需要发生了很大变化,而父母往往还是用老眼光去看待孩子、要求孩子,因而引起孩子种种反抗行为。但是,从另一方面看,如果孩子的个性得不到发展,反倒会影响他今后的成长。所以说经历"反抗期"是孩子正常发育的必经阶段。

在这个时期,父母采取的方法不同,就会收到不同甚至是截然相反的教育效果。如果父母不问青红皂白,一味地耍"家长威风",态度过于僵化刻板,方法简单粗暴,常会导致孩子更强烈的反抗,从而形成孩子不良性格的基础,甚至直接导致退缩、孤僻等性格的形成。如果能较正确的认识孩

子这一特殊心理发展时期，采用以退为进的方法，在孩子不听话，固执己见时，暂时依着他，然后循序渐进、因势利导，使其顺利渡过这一时期，则不失为对他们的成长既有效又有益的做法。

研究表明，两岁的孩子开始喜欢对父母说"不"，这个时期，孩子常跟父母为敌，父母不要他做什么，他却常常违抗"命令"，我行我素，要做什么就做什么，经常干出一些别出心裁的事。孩子的"反抗性"事实上是想闹独立。两岁的孩子正是从婴儿期向儿童期过渡，身心急速发展。从生理上看，孩子逐渐发展为自己已经能自如地走来走去，靠自己的双脚就可以去自己想去的地方，再也用不着依靠大人的力量把他抱到这抱到那儿了，而且，自己还发现，自己能够使用自己说话的方式表达出自己的想法。这种能力的出现和增长，孩子的自信心开始迅速的树立起来。孩子可能不是很清楚自己的目的是什么，可是他盼望自己快点长大，急于向父母表现出自己"我能行，我长大了"的意思。

在这个时候，孩子不再把自己当成父母的附属物，开始认识到自己是独立于父母之外的个体，认为自己完全没有必要按照父母的想法和安排去做。这时，父母应该明白，两岁的孩子的智力、体力等方面都确实是很不成熟，没有父母的帮助，孩子是不能实现自己的意愿的；没有父母的支持，孩子是很难成功的。所以，这个时期的孩子正处在追求独立和乞求关爱和帮助的矛盾之中。

父母正确的做法是在必须满足孩子独立的需要的同时，关心和爱护孩子的需要。这样才能更好地发展孩子的健康心理，使孩子不断进步。

父母应该做的是：

1. 鼓励孩子独立，支持孩子冒险。

父母应该给孩子创造独立的条件和冒险的机会，孩子遇到难题时，父

母不能这也批评，那也指责，而是在后面帮孩子一把，鼓励孩子克服困难，争取胜利。当孩子要求独立做事时，父母应该判断一下孩子能在多大程度上完成这件事，可能会遇到什么问题，在没有危险的前提下，放手让孩子去做。同时要做好各种准备，避免问题的出现或及时给予提醒、示范。

比如要让两岁的孩子吃饭。对两岁孩子来说，饭一送到嘴里就吃下去，这个简单的活动是可以完成的，可是动作很不熟练，可能吃得很慢，还可能打碎碗或撒得满地都是。父母不要因此就反对孩子自己吃饭，而是放手让孩子自己吃。在吃饭的过程中，父母随时给他一些提醒和鼓励，给孩子做出示范。但要记住，不要夺过孩子手里的勺子给孩子做榜样，可以另外拿一个勺子示范，否则独立性强的孩子会生气。为防止孩子摔碗、撒饭，妈妈可以提醒孩子吃饭时离桌子近一点，用不易打的碗给孩子盛饭等。

2. 当孩子的安全遭到威胁时，父母应该提醒或制止孩子的活动。

当孩子正准备做一件危险的事情时，妈妈必须首先果断地制止他，然后用替代性活动满足孩子的独立需要。例如：妈妈刚好倒好一杯热开水，恰好孩子看见了。孩子走上来，想端这杯水。妈妈必须立即强行制止他，把水拿开，告诉他："水很热，会把手烫坏的"。然后，换一个塑料杯。装半杯凉开水，让孩子端着，满足他的欲望。需要注意的是，不要把父母的意愿强加在孩子身上或炫耀父母的权威。如果父母滥用权威命令，强迫孩子，无疑大人肯定会赢，父母的专制态度会导致孩子的抵抗情绪，并最终导致以后孩子出现各种破坏性和攻击性行为。以上是孩子2岁的情况，那么3岁的孩子怎样呢？经常听到母亲的烦恼，他们说孩子到3岁更难对付，他们认为3岁的孩子怎么突然地就变得这么反抗了呢？然而，实际上并非如此。在幼儿2岁时，心底就已经蓄积了反抗心理，只是没有在行为上表现出来而已。

孩子总是本能地向父母谋求无限的疼爱。所以，当谋求得到疼爱并没

有满足自己要求时，作为谋求疼爱的手段之一，孩子就会出现去找父母的麻烦，试探父母对此会表示怎样的态度的行为。当然，这是出自于本能性的，而并不是有意识的。

3岁的孩子正是注意力开始从家庭内转向家庭外的时期。父母充分地让孩子外出玩耍以及与小伙伴们玩耍也是非常重要的。这个时期，孩子对周围的环境充满了强烈的好奇心，他希望去探察一切。但由于自己还不能圆满应付问题，或父母怕出意外，经常限制他们活动，这会影响其独立个性的正常形成，孩子常常表现出不服从，与父母对抗，常常因情绪激动而大发脾气，也常常与小朋友发生冲突。这些特征表明孩子正处在反抗期，父母无须为此烦恼，只要父母巧妙而妥善的处理，孩子会顺利度过这一必然阶段。

怎样才能帮助孩子度过这一特殊阶段呢？

1. 父母的耐心教育是关键。

在这段时期里，父母要放弃那种不分青红皂白的强硬态度，应该看到，孩子的"反抗"行为正是促进他们能力发展的心理动力。父母应及时抓住这一时机对孩子的某些行为给予适当的鼓励，以促进孩子自我意识的形成和动作技巧、能力的发展。

2. 父母要帮助孩子的心理正常发展。

父母对孩子的反抗情绪，既不能一味地满足，也不能过多的限制。一味地满足容易造成孩子任性和执拗；过多的限制会挫伤孩子的自尊心，从而变得顺从依赖、缺乏自立能力。

3. 父母要充分理解孩子"反抗期"特点。

明白孩子的心理特点是重要的，可是还必须注意因势利导，从旁协助，给予孩子正确而合理的教育。比如，孩子喜欢独立行走，父母就没有必要硬

去搀扶，可以在旁注意保护；孩子要自己吃饭、穿衣，就可以让他自己动手，而在旁边加以指导，采用这些方法就能够促进孩子心理健康发展，帮助孩子顺利渡过"反抗期"。

☆ "心理断乳期"，孩子爱反抗

孩子从小学进入中学就进入了青春期，"第二反抗期"也就随之开始了。这是孩子确立自我的关键期。称之为孩子精神上的断乳期。这个时期孩子的情绪常常"左右摇摆"，是心理上最容易出问题的阶段。不少父母有一些不切实际的想法，认为"孩子不让人操心，一条直线地向上成长"才是合理的。孩子的成长不可能像很多动物一样只要吃得好，不生病就万事大吉了。孩子不仅长身体，还必须长心灵，而情绪摇摆才是孩子心灵成长的自然规律。因此，父母应该对孩子信任并给予特别的关注，用宽容的心态接受孩子的"反抗心理"。

在反抗期，孩子反抗才是正常的。如果孩子不会反抗，那才是令父母担心的。父母如果对孩子过度干涉或过度保护，孩子很可能对父母言听计从，那么，孩子的身体虽然进入了青春期，但是心理上的自发性没有发育起来，其内心仍然很幼稚，脆弱。一旦遇到困难就难以承受，因而出现各种各样的问题。

研究发现，在人格形成的过程中，比管教更为重要的是营造温馨、和谐的家庭气氛。事实证明，当孩子感受到自己被爱、被理解、被重视，当孩子生活在宽松、和谐、民主的气氛中，他们的情绪必然是安定的。父母应该经常给孩子以亲子间的抚爱为主体的亲密接触，有效沟通是至关重要的。在养育孩子过程中，父母最重要的工作就是把安定孩子的情绪放在第一位，营造一个使孩子能顺利成长的环境。

基本方法是：父母应该尽量与孩子多沟通，多交流，了解孩子的心理，

掌握孩子的思想状态，恰当地把握好"度"，既不能让孩子对青春期感到害怕，又不能放任自流。只有这样才能有效地促进孩子身心健康发展。

在青春期阶段，由于性成熟开始，青少年的心理发展的突出特点是开始关注两性关系，开始有了对异性和影视，书籍中相关内容的兴趣，这是一个正常、自然的生理、心理现象。但是由于青春期的敏感性、冲动性、不稳定性，父母、老师要注意引导，使他们把精力主要用于学习和有益身心健康的活动上。通过学习、运动等探索性、知识性活动释放多余的精力。应该指出，现在一些影视作品、书籍中的挑逗、煽情及至色情的东西对青少年健康成长相当不利。更令人忧虑与担心的是，大量黄色出版物：书籍、画册、影碟、游戏软件对青少年的毒害更甚。在实践中，我们发现，不论男女青少年，一旦被色情的东西所吸引，就难以自拔，往往越陷越深，甚至走向犯罪道路。一项调查表明，从20世纪80年代末到90年代初，某省少管所500多名少年犯中，85%为性犯罪，其诱因是接受黄色书籍、录像带、影碟、游戏等色情文化毒害而导致性犯罪。这一切都应该引起父母的警觉。面对汹涌而来的滚滚如潮的黄毒，父母和老师所能做到的最有效的办法莫过于预防，防患于未然，重在预防。如何预防？就是要使青少年一代确立正确的价值观、道德观、人生观。正确的价值观是人生的航标和灯塔，它能给青少年的重要的人生定向；价值观教育，在于使青少年一代明白什么是好的，什么是恶的，什么是正确的，什么是错误的，什么是有意义的，什么是无意义的，什么是应当追求的，什么是应当抛弃的，什么样的追求是有价值的，有意义的，什么样的人生是高尚的，完善的。

就在青春期所面临的这些问题时，我们还应该注意到另一种倾向，这就是有些学校、老师、父母这根弦绷得过紧，以至于走上另一个极端，把男女同学之间的正常交往都视为早恋，过于警觉、防范，造成学生和父母、老

师的严重对立。

事实上，中学男女同学之间大多是一种正常的交往，父母和老师要用一种平常心来对待。男女同学之间的交往实际上是青少年社会中的人际交往，在这一交往过程中产生的互助、竞争、同情、合作等都是他们将来进入成人社会所需要的人生智慧，在他们社会化过程中具有重要意义。

二、大脑潜能开发

（一）认识大脑的潜能

一个健康的平常人的大脑与一个伟大科学家的大脑并没有本质上的区别，也没有不可跨越的鸿沟，它们之间的差别只是用脑程度与方式上的不同。而这种差别一旦被清除，两者之间的鸿沟便可以被填平，甚至可以被超越。

潜能是能力的一种，是个性心理特征的重要内容。人的潜能是人先天得到的一种遗传本质，它为人的全面发展提供了物质前提。

☆人类潜能的特点

众所周知，教育最根本的目的就是开发人的潜能。例如，现代教育中的小学生潜能开发，就是在小学年龄阶段给予学生充分的发展条件而促使其生理、心理潜在的"可能"变为现实的"可能"。因为每个孩子都潜藏巨大的能力资源，如果不予以开发，那是人生最大的浪费和遗憾，也是教育的失误。一个人自我实现程度有多大，对社会贡献有多大，很大程度上要看他们的潜能开发程度有多大。

要使人的潜能真正得到全面的开发，必须了解潜能的特点。这样才能依据这些特点采取有效地对应措施，从而充分地开发潜能。

人的潜能主要有以下特点：

◇相似性。所谓相似性，是指既大体相同，但也不完全一样。一个人无论是弱智，还是天才，无论是得不到教育的孩子，还是得到教育的社会人，发展前景只能是人，而不是其他。人的潜能的相似性决定了人能够发育成为一个形态完整的人的潜在趋势。

◇差异性。世界上找不出两个潜能完全相同的人，即使是同卵双胞胎也是如此。

◇最佳期。人的潜能有其特有的规律，即在某一段时间内某种潜能处于优势，这时如果得到及时有效的影响，可能得到较好地实现。研究和利用潜能最佳开发期，及时施教就可望达到事半功倍之效。

◇成熟性。目前风行早期教育如胎教，但早期教育并不是无限度的越早越好，还必须考虑人潜能的内在时间发展问题。这里涉及到一个成熟性问题。如果人的潜能还没达到一定的成熟度就进行训练，往往会起到事倍功半的作用。

◇可变性。人的潜能不是一成不变的，人的潜能无论从质与量，还是从时间与空间，心理与生理，个体与群体，都在不停地运动、变化、发展，而且这种变化是永无止境的。这种可变性为人的全面发展提供了可能。

☆人的潜能究竟有多大？

有人把人的潜能比作海中的冰山，露在冰面的部分是已经被开发出来的能量，而更大的能量则是蕴藏在水下面的部分。据专家研究，除脑功能有缺陷的人之外，如果始终坚持孜孜不倦的学习，那么人脑在一生之中可以储藏的知识，将会相当于美国国会图书馆藏书的50倍。美国国会图书馆藏书1000万册，这就是说，一个人的大脑可容纳5亿册书的知识。有人研究指出，如果大脑达到其一半的工作能力，我们就可以轻而易举地学会40种

语言，能够学完数十所大学所有的课程。人脑潜能不但使正常的健康人得到鼓舞，也给愚笨的儿童或成人带来了希望之光，因为对每个人的巨大潜能来说，只要通过努力，它就能被开发出来。常言道："用则进废则退"，机器不使用就会生锈，肌肉如果不运动就会萎缩变形。如果我们不去唤醒我们沉睡的潜能，这些潜能就会自我消灭，最终丧失。许多人忙忙碌碌、平平庸庸地过了一生，到了垂暮之年，忽然发现自己有这样或那样的惊人能力，可遗憾的是，人生已近尽头，来日已经不多了。

当然，充分发挥自己的潜能，并不是一件轻而易举的事情，可能会受到各种因素的干扰，如果你想唤醒心灵沉睡的智能，就要除去限制、束缚你发展的陈规旧习，加强对开拓精神和创新能力的培养，激发求知的好奇心，持之以恒地进行探索和追求，同时，还要尽可能地把唤醒潜能的实际活动置身于开放的社会环境中，使自己潜能的开发与外界智能优势融洽地结合起来，从而形成一种爆发式的合力，最大限度地发挥自己的潜能。

人脑是世界上最为复杂，也是效率最高的信息处理系统。大脑的重量只有1400克左右，但其中却包含了100多亿个神经元，在这些神经的周围还有1000多亿个脑质细胞。人脑能储存大量的信息，在从出生到死亡的漫长岁月中，大脑每秒钟能够记录1000个信息单位，也就是说，我们能够记住周围所发生的一切或大或小的事情。人脑的每一个神经元都可以与多达几千个神经元建立联系，人脑的信息容量的数目是巨大的，大脑网络系统相当于美国和加拿大的全部电话通讯网络。人脑的潜能是非常巨大的，开发大脑实在是大有可为，前景无限。

神经细胞的基本活动也很简单，只有两种：兴奋与抑制。但是人类的大脑正是通过大量神经细胞的这种简单的兴奋和抑制活动以及在这个基础上的广泛联系与配合，才使我们人类有了复杂的思想和各种各样的认知

活动。单个神经细胞的活动是简单的,而正是这种单个细胞的简单活动的巨大数量的群集性过程,导致了人类的心理现象的发生。同样,也是基于大量神经细胞组织的网络具有高度的可塑性,使我们得以适应这个复杂的社会,同时也为开发大脑提供了科学依据。

(二)大脑潜能开发

1. 脑与感:知觉能力的发展

人认识事务的感性阶段有两个基本过程,一是感觉,另一个是知觉。感受与知觉都是人脑对客观事物的反应,但是感觉与知觉是不一样的。感觉是对外界事物个别属性的反映;知觉是对外界的整体的反映。人类的智能活动离不开具体的感知觉,感知觉开发是脑开发的基础环节,只有打好了这个基础,各种复杂的认知活动的上层建筑才能更加辉煌。

(1)感觉和知觉

感觉是人脑对直接作用于感觉器官的客观事物的个别属性的反应,我们人类生活的环境,充满了各种各样丰富多彩的事物,这些事物以不断变化的光、声、味、温度及其他物理属性与我们的感觉器官打着交道。我们的感觉器官接受着这些信息的刺激,反射到大脑,形成了对于事物的颜色、声音、气味、冷热等各种感受,这些就是感觉。出去外界事物以外,对于我们自己身体,大脑也可以通过相应的感觉器官接受到运动、姿势、心跳、饥饱、劳累等等。这些也都是感觉。感觉有一个共性,就是它反应的只是事物的个别属性,不是一个完整的事物的整体反映。比如说黄颜色,它可以是花的颜色,也可以是纸的颜色,还可以是香蕉皮的颜色,所以黄色只是某一事物的个别属性,同时,我们也可以认识到,感觉总是和具体的事物连在一起而存在的。

知觉是对客观事物的各个不同属性,各个不同部分以及相互之间关系

的综合的反应。知觉和感觉不是一回事，从进化的角度看，知觉比感觉要高一个等级，知觉就好比是在感觉的基础上建立起来的上层建筑。没有感觉的基础，就没有知觉的发展。如：我们看到苹果，认为是一个苹果，这就已经是知觉了，一个苹果在我们人的头脑中是一个整体的反应，它包含了苹果的颜色，香味以及苹果的形状等，这些特性就是我们对苹果的知觉，正是在这些感觉的整合的基础上，我们才认出这是一个苹果。

感、知觉的开发涉及各个感觉器官的发展和机能。

（2）知觉发展的关键期

前面我们提到，知觉是在感觉的基础上发展起来的，孩子一出生就有了视、听、触等各种感觉。随后便开始了知觉的迅速发展。知觉有很多种，我们最常见用到的，也是在婴幼儿早期教育中比较容易操作的，是对外界事物的形状的知觉、大小的知觉、以及对方位的知觉。

◇形状知觉：2-5岁是儿童形状知觉发展的关键期。形状知觉与几何图形的辨识和掌握有直接关系。而认识几何图形是学好数学的基本要求，因此，抓住时机，及时的开发儿童的形状知觉，会有效地促进儿童口后对数学技能的掌握。

◇大小知觉：大小知觉较形状知觉的发展稍晚一些。这是因为大小是相对的，辨别事物的大小比辨别物体的形状难度大一些。对平面图形的大小辨别比对三维的立体的体积的大小的辨别发展要早。2-3岁是儿童对平面图形大小知觉发展的关键期；3-5岁是对体积的大小的知觉的发展的关键期。

◇方位知觉：方位知觉包括上下、前后、左右等，2-3岁是儿童发展上下知觉的关键期；3-4岁是发展前后知觉的关键期；5岁左右是发展以自身为中心的左右方位的关键期。许多家长及小学老师都有这样的经验，即有不

少儿童在学习计算和汉字的时候出现困难,他们常将数字3写颠倒,分不清b和d,以及p和q。另外在书写汉字时,常将偏旁部首写反了。这与儿童的方位知觉没有发育好有直接的关系,如果及早地在这些儿童发展方位知觉的关键期加强训练,就可以有效的避免这些问题。

作为父母者,为了培养一个感、知觉敏锐的孩子,应该做到:

①尽量丰富儿童的生活环境,让他们的空间充满了视觉的、听觉的、嗅觉的玩具,以及各种各样可以触摸和操作的东西,让他们的感官从小就在各种各样、丰富多彩的环境刺激下得到及时培养。

②带孩子到植物园和动物园去,让他们尽情地玩一玩,然后让他用语言来描述看到的各种花草和动物,促进儿童从无意感知到有意感知活动的转化。

③带孩子出去的时候,多让他们进行观察活动。这样就可以通过大量的有趣的观察活动提高儿童的感、知觉的能力。

2. 脑开发与注意品质的培养

什么是注意?

注意是人的一种心理过程,它表现为人对一定事物的指向集中。这一定的对象可以是外部世界的事物,比如说周围人的行动和外界发生的事情或物体,也可以是自己的行为、内心的观念或心理活动。

当你给孩子讲故事的时候,孩子眼睛看着你,放下了手里的玩具,认真地听,就是我们都很熟悉的注意活动。在某一时刻,我们的心理活动总是指向一个特定的对象。这就是注意形态。注意不是一个独立的心理活动,它与其他心理机能难以分开,而且是其他心理活动正常进行的前提。很难想象一个孩子心不在焉地写字不会出错的。上课的时候,老师们常挂在嘴边上的一句话就是"注意听讲"。

中国古代有一个"学奕"的故事,讲的是一位有名的棋手收下了两个徒弟,一个徒弟在学习的时候非常认真、专心听讲,记忆增长很快,另一个却三心二意,脑子里老是想着别的事情,结果一无所获。这个故事形象地说明了注意在人的认知和学习活动中的重要意义。

☆**注意发展的历程。**

人类注意的基本发展历程是:先是无意注意,随后是有意注意。3岁前儿童的注意基本上属于无意注意,随着年龄的增长,儿童的有意注意开始逐渐发展起来,并在认知活动中起着越来越重要的作用。伴随着儿童的有意注意过程的发展,注意的选择性也逐渐发展起来。

(1)注意稳定性的发展

研究发现,一般而言,5-7岁儿童可以连续注意同一事物的时间约为15分钟,7-10岁儿童的这种能力扩大到20分钟左右,10-12岁的儿童达到25分钟,12岁以上的则可增加到30分钟左右了。

(2)注意广度的发展

注意的广度随着年龄的增长而不断提高。小学低年级学生的注意广度比较窄,当要求记拼音字母时,2-3个字母拼的音可以较快地记住,而多几个字母拼出的音就很难记住了。注意广度发展到成年阶段时,一般能够达到十分之一秒的时间内注意到4-6个没有联系的外文字母。

(3)注意的分配及注意的转移的发展

小学生注意分配能力比较低,他们不能同时注意上课的内容和自己的活动,比如不能在听课的同时把笔记也记下来,如果记笔记,那就只记笔记,如果听课那就只听课,同时做着两件事,注意分配不过来。我们成人已经具备了这种能力,这是随着年龄的增长,经过不断的实践而逐渐获得的机能。

小学生对注意的转移操作也比较差。比如上完图画课接着上数学课时，小学生往往不能很快把注意力转移到数学运算上来，上别的课时也一样。总要花较长的实间才能从刚才的兴奋状态中安静下来，并把注意力集中到新的课程上来。随着年龄的增长，已经可以比较熟练地操作注意的转移机制了。

☆怎样开发孩子的注意力呢?

（1）有意注意机能的开发

实践表明，比较好的训练有意注意的方法就是在日常生活中，不断地通过让孩子在一定时间范围内从事一些有意义的事情，鼓励他们一定要把一件事做完，然后才能做其他的事情，不能半途而废。而当他们这样完成以后，要及时的表扬他们，使他们养成良好的习惯。这样做的同时，他们的自制力也会得到相应的提高，而自制力的提高又会大大促进有意注意的发展。

（2）注意选择性的开发

让儿童按照指令，在规定时间里找出有关的对象是一种常见的培养注意选择性的方法。比如让儿童看一些图，图中有各种不同的东西，包括各种玩具、汽车、房子、桌椅等。然后让他分别把你要求的东西找出来。

（3）注意稳定性的开发

稳定性开发有各种方法，可以让他在规定的时间里完成某项作业，或者通过游戏来培养。

实践中发现，放风筝就是一种不错的培育儿童注意力稳定性的有效游戏。要想把风筝放好，孩子需要把注意稳定地集中在天上的风筝上，而且持续的时间也比较长，效果很不错。

（4）注意广度的开发

注意广度的开发可以借助游戏来进行。比如说很快地在儿童面前呈现数个物品，然后马上收起来，让他说出看到的物品来，这种方法也可以通过计算机来进行，编制一个小程序，用很短的时间呈现多个刺激物，然后消失，让他迅速地报告看到了什么，看看他能将注意到多少，我们也可以通过看电视，然后让孩子复述电视内容。为了提高儿童的兴趣，呈现的刺激物不要太单一，可以换各种形式，选用不同类型的内容，比如水果、花卉、服装、玩具、动物、人物等，这样，不仅可以保持儿童的兴趣，还可以扩大和增长他的知识面。

（5）注意的分配和注意的转移能力都可以通过训练提高。特别是在学前期，这种训练的效果更好。怎样训练注意的这个品质呢？

通过日常生活来训练。家长和孩子在一起的时候有很多场合可以用来培养孩子注意的分配和转移能力。比如带孩子上商店买东西时，可以让他来带路，或是指出哪里卖他要的商品的地方，商店里的商品很多，孩子要克服影响他们注意力的干扰刺激，分配和转移注意力，及时的找到该去的地方，家长可以通过鼓励的方法，在速度和准确性上强化他们的这种能力。

3. 脑开发与记忆能力的培养

（1）记忆的分类：

人类的记忆按照记忆发生和保持的时间的长短分为三个阶段，即瞬时记忆、短时记忆和长时记忆。

第一个阶段是记忆的感觉阶段，这个阶段好比是来自外部环境的信息临时停靠站。在这个阶段，记忆的内容是感觉特异性的，也就是说，信息是根据接受它的感觉通道和状态来存储的。比如说，通过人的视觉器官过来的信息就是视觉性的心理表象，信息保持了它的视觉性的形象。通过人的听觉器官进来的信息就是听觉性的心理表象，这类信息则保持了他的听

觉性的形象。视觉性的信息也被称作"视像记忆",而听觉性信息也被称作"声像记忆"。

第二阶段是记忆的短时阶段,也称短时记忆。短时记忆是一个中继站,记忆的内容在这里可以被有意识地保存着,并为进入长时记忆做好准备。信息在短时记忆中经过一定的处理可以进入长时记忆系统。

第三阶段是长时记忆阶段。长时记忆与短时记忆有个明显的差别,就是信息容量非常大,而且信息可以在这里被长期保存。经过研究发现,长时记忆里的内容会随着时间的流逝而发生一定程度的变化,所以我们要经常复习才能巩固记忆成果。

（2）记忆在学习中的作用

记忆是一个从"记"到"忆"的复杂心理过程,它包括识记、保持、再认或回忆三个基本环节。识记是识别和记下事物,从而积累知识经验的过程;保持是巩固已获得的知识经验的过程;再认和回忆就是在不同情况下恢复过去经验的过程。从信息加工的观点来看,记忆是对输入信息的编码,储存和提取的过程。

记忆在学习中具有极为重要的作用。它是学习的重要前提和基础。英国哲学家培根说:"一切知识,不过是记忆"。具体说来,记忆在学习中的作用可归纳为以下三点:

①学习新知识离不开记忆

学习是一个由少到多,由浅入深,由简单到复杂的循序渐进的过程,如果学习新知识时把原有的知识遗忘了,则新知识的学习将难以为继。这正像夸美纽斯所说:"一切后教的知识都是根据先教育的知识"。

②智力活动离不开记忆

人的智力是观察力、记忆力、思维力、想象力和注意力的有机结合。在

这智力结构的五要素中,记忆力是基础,没有记忆力,观察、思维、想象、注意都无法进行。以思维为例,一旦离开了记忆,思维便寸步难行。宋代学者张载所说:"不记则思不起"就是这个意思。

③提高学习效率离不开记忆

如果把学习活动比成一座加工厂,则记忆就是一个仓库,在这个仓库里储存着通过学习获得的一切有价值的成果。在新的学习过程中,当需要某些知识时,则可以随时取用。这不仅可以使学习活动能顺利进行,而且节省了大量查找、复习和重新理解的时间,从而可使学习效率大为提高。

记忆力对学习既然如此重要,怎样通过训练来提高学生的记忆里呢?

①明确目的任务

心理学家费洛依德认为,人们所记忆的事物,应该是自己要记住的,人们所遗忘的事物,应该是自己要遗忘的。因为你有要记忆这个事物的任务,所以发挥了识记的积极性,就能记住它,识记的任务越明确、越具体,识记的效果就越好。有了明确具体的识记任务,才知道应该识记什么和识记到什么程度,否则,就会不分主次,企图识记一切,结果徒费精力而效果不好。

②坚定识记信心

记忆的关键,在于要有"我能记住"这种信心。信心能增强人的记忆力。记忆力这部机器越是开动得多就越有力量。只要你依赖它,它就有能耐,日本能力开发所所长坂东保之介亲身实践也证明了这一点:坂东保之介在中学一年级以前,一直是学习很差的学生,他在同年级500名学生中排470位,但在进入中学二年级后,他常常进入前10名,这是为什么呢?原来是他父亲帮助他树立了自信心。以前,坂东保之介认为自己脑子笨,记不住东西,因此,他干脆到处去玩,不爱学习。后来,他父亲一有机会就对他进

行增强信心的教育。父亲对他说："你无论下河捕鱼，还是上山捉鸟，都干得非常出色，这就证明你的头脑比一般人好。下围棋或下象棋的规则，我一教你，你马上就学会。如果你把这种精神用在学习上，学习成绩肯定会提高的"。照父亲的话一做，果然灵，他发现记忆力好得连自己都吃惊。以前那种怕记不住的恐惧心理消失了，信心增强了。一个暑假内就把小学和中学一年级落下的功课全部补上了。由此可见，树立"一定能记住"的信心是多么重要。可以说，一旦认识到这一点，记忆力就会大大增强。坂东保之介在担任日本能力开发所所长后，便把树立信心作为能力开发的前提。对于来研究所请教的人，他总是要人家相信"一定能记住"，一旦来访者确认认识到这一点时，好像就在这一瞬间，他们的记忆力就一下子提高了许多。

③保持注意集中

注意是学习的门户，没有注意也就没有记忆过程，一个人为提高记忆力所能做到的最重要的事情，就是学会如何集中注意力。实验证明，在注意力涣散的情况下阅读十遍，不如集中注意力阅读两遍的效果好。这是因为，注意力集中时，大脑皮层的兴奋中心强烈，暂时神经联系易于形成，记忆效果就好。

④培养浓厚兴趣

兴趣和记忆的关系也是十分密切的，有兴趣的事物，人们就容易记住，保持的时间也长久，反之，不但不容易记住，保持的时间也不长。为了锻炼记忆能力，应该从培养兴趣入手，使记忆活动朝着良性循环进行，切不可越记越厌烦，越厌烦越记不住，从而造成恶性循环。

⑤注意情绪健康

情绪对记忆力影响很大。一方面，在识记时曾经产生过强烈情绪体验的事物，人们对它的记忆将更深刻、更牢固，这就是所谓的"情绪记忆"。

关于这一点，巴尔扎克在其名著《欧巴妮葛朗台》中曾做过深刻的论述和生动的描写："在一生的重要关头，凡是悲欢离合之事发生的场所，曾跟我们的心牢牢地粘在一起。所以查理特别注意到小园中的黄杨。枯萎的落叶、剥落的围墙、奇形怪状的果树，以及一些别有风光的细节，这些都将成为他不可磨灭的回忆，和这个重大的时间永远分不开。因为激烈的情绪有一种特别的记忆力。"

另一方面，情绪对记忆有援助作用，从记忆深处回忆某事，有时取决于人的心情是否与回忆中的事物发生时的心情相一致。因为各种经历可以封存记忆的仓库里，只有当合适的情感状态与有关的生理变化而至的时候，才能回忆起来。总之，既然积极愉快的心情对人的记忆起增力作用，那我们在记忆时就应该消除不良情绪影响，保持良好情绪。当我们处于消极情绪状态时，第一不要勉强去记忆，第二要力争尽快调节不良情绪。

⑥学会理解记忆

若要记得，先要懂得。懂得的东西容易记忆，保持的时间也长。

德国心理学家艾宾浩斯让人们识记12个无意义音节，平均要16.5次才能记住；识记36个无意义音节，平均要54次才能记住，而识记480个音节的诗，平均只要8次即能背诵。这说明不连贯的单音节，彼此孤立，形不成完整的意思，不易记住；而组成了诗的音节，有一定的意义，就记得快，记得牢，从而说明理解是记忆的基础。所谓理解，就是个体逐步认识事物的联系，直至认识其本质、规律的一种思维活动。通俗地说："就是对某一事物不仅知其然，而且知其所以然"，不仅能回答"是什么"的问题，而且能回答"为什么"的问题；理解之所以有利于记忆，是因为当我们理解新知识时，必然要使之与头脑中已有的知识建立暂时神经联系，这种联系一旦能够建立，则不仅有助于对新知识的理解，也有助于对它的识记。

⑦利用多种感官

人的感官有多种，在记忆活动中，由于各种感官所起的作用不同而形成不同的记忆类型。在诸多记忆类型中，以多种感官参加的"混合型记忆"效果最好。例如，让甲、乙、丙三组学生识记同一材料。甲组同学只听，乙组同学只看，而丙组同学既听又看且写，结果记住材料的百分数分别为13%、23%和90%。乌申斯基对动用多种感官的记忆作业最佳，曾作过形象的比喻："蜘蛛之所以能够将非常正确地沿着极细的蛛网奔跑，乃是由于它不是一个爪，而是用很多爪来抓住蛛网，一个爪子坠失了，另一个还抓着。"这里的"蛛网"比喻人们需要记忆的知识，"很多的爪"比喻多种感官。意即在记忆过程中，更充分发挥眼、耳、鼻、舌、身等各种感官的作用，这样比用一两个"爪"可靠得多。那么，为什么多种感官参加记忆活动效果更好于一种感官呢？这是因为多重感官通道利用起来后，可以接受来自不同感官的信息，这样在大脑皮层上可留下许多"同一意义"的痕迹，在皮层的视觉区、听觉区、嗅觉区、动觉区间可建立多通道的暂时神经联系。于是，即使某一痕迹淡薄了，还有其他痕迹存在，从而使记忆痕迹保持的时间更长得多。

⑧不断进行复习

德国心理学家艾宾浩斯对遗忘现象研究，揭示了遗忘发展的一条规律：遗忘的进程是不均衡的，在识记的最初遗忘得很快，以后逐渐减慢，到了相当的时间，几乎不再遗忘，这就是著名的艾宾浩斯的遗忘曲线。根据这一规律，在新学一种知识后，就必须在遗忘之前及时复习，也就是"趁热打铁"的意思。当然，在此之后，还要经常复习，但各次复习的时间距离可逐步拉长，每次用的复习时间亦可逐步缩短。

⑨进行记忆体操锻炼

俄国作家列夫·托尔斯泰,有很强的记忆力,他精通英语、法语、德语、拉丁语、希腊语等。托尔斯泰说他每天清晨起来都要做记忆力体操。每天早起要拿出一部分时间熟读一些外语单词或者普希金等名家的诗句。在他看来记忆力像人的体质一样,是可以通过长期不懈的锻炼得到增强和提高的,所以,他称这种活动为"记忆力体操"。

著名学者顾炎武为了增强记忆力,规定自己每天温习课业200页,自己边默诵,边请人朗读,发现错误,立即查对。长年累月的锻炼,使他"十三经尽皆背诵"。

值得指出的是,在用背诵法作为锻炼记忆力的体操时,一要对识记材料理解,不弄清含义就很难背诵,记住了也容易忘却;二要尽量出声朗诵,朗诵识记比默诵识记效率要高。多重感官同时动作,可以产生最佳的识记效果。

4. 脑开发与思维能力提升

思维是人脑对客观现实的间接的、概括的反应,作为人类特有的一种高级、复杂的认识活动,思维是人脑通过分析、综合、抽象、概括、比较、具体化等活动过程和概念、判断、推理等形式,揭示客观事物的本质特征及内在联系,认识掌握客观规律的心理活动。

（1）思维的特点

同任何客观事物一样,思维也有自身的许多特点,它们是:

第一,思维的间接性:思维具有间接反应的性质,这是因为它对事物的本质特征和内在联系的反映是需要通过知识经验的媒介才能完成。如早晨起床,推开窗户,看见地面和屋顶都是潮湿的,于是便推断夜里下过雨,就是一例。凭借只是经验的媒介作用,人的思维间接地然而却更接近于事物本质地反映了感官不能直接反应的东西,这样,人类就具有无限制地扩

展知识的可能性。并且，正是因为思维具有间接性的特点，在一定条件下，学习知识本身也就是一种思维训练活动。

第二，思维的概括性：思维的概括性是指思维所反映的是一类事物所共有的本质属性和各类事物之间的规律性的联系。所谓本质属性是指一类事物所必有而它类事物所必无的属性。所谓规律性联系是指有此情况则必有彼情况。在学习中，我们的许多知识都是通过这种特性而获得的。例如：各门学科的诸多规律、法则、定义、定理、公式、概念等，只有通过思维的概括性才能掌握。

第三，思维的问题性：思维通常是与问题联系在一起的。意识到问题的存在，是思维的起点。没有问题的思维是肤浅的、被动的思维。当一个人感到自己需要问个"为什么"、"是什么"、"怎么办"的时候，他就把自己的思维发动起来了，否则，他的思维是不可能展开的。在学校里，老师经常抱怨某些学生"不动脑筋"，其实"不动脑筋"的症结就在于缺乏问题意识。要想激发学生思维的积极性，必须重视问题意识的培养，这正如苏联心理学家鲁宾斯坦所说的："思维通常是由问题情境产生的，并且是以解决问题情境为目的"。

☆思维对学生学习的作用：

思维在学生学习中具有非常重要的作用。关于这一点古今中外的学者都有很多的论述。例如：孔子早在二千多年前就说过"学而不思则罔，思而不学则殆"这两句极富辨证色彩的名言。著名物理学家爱因斯坦说："发展独立思考和独立判断的能力，应当始终放首位，而不应当把获得专业知识放在首位。学习知识要善于思考、思考、再思考，我就是靠这个学习方法称为科学家的"。我国著名数学家华罗庚也曾说过："学习中首先要注意好好消化。如果不消化的话，即使胸藏万卷书，也是用不上的。只有消化了，才

能运用自如,得心应手。"著名数学家杨乐曾经深有体会地说:"数学是一门重于理解的学科,在学习中要防止死记硬背,不求甚解的倾向,一定要勤分析,多思考,对一个问题从正面、反面,各个角度多想想,要善于找出他们之间的联系,总结出规律性的东西"。我们学习任何知识,都必须牢固地掌握它。要做到这一点,非积极开展思维不可。

思维对于学生的学习既如此重要,怎样通过训练来提高学生的思维能力呢?

☆**思维能力的训练方法:**

(1)结合教学训练

在传授知识的过程中引导学生进行积极地思维实践。我国学者朱桂珍认为:首先要激发学生的思维动机,调动学生的思维积极性,培养思维兴趣。要使学生明确思维对他们今天的学习以及将来在事业上取得成就的意义,介绍一些著名人物积极思维的名言、警句、轶闻、趣事等。当学生知道这样做的意义时,自觉性就产生了,当他们知道那些伟大的成功者都是乐于思维、善于思维时,便会去模仿了。向学生提出积极的思维的要求,对于那些肯于动脑筋想问题的学生及时给予表扬。让学生尝到从积极思维中获得成功的甜头。老师要善于运用那些富有启发性的问题,促使学生进入"角色",参加到知识(概念、定理公式)的形成过程中去,引导他们去推导过程,概括规律,归纳结论。让学生成为"发现者",在"发现"中经历失败,尝试成功,去实现思维的飞跃,享受体验发现(即思维的成功)的乐趣。

还可以让学生参观、调查、考察等,在进行活动中,老师要不断向学生提出问题,让学生通过对客观事物的观察、分析来解决,也可以让学生自己发现问题,分析问题,解决问题。

事实上,这就构成了解决问题的思维过程。在这一思维过程中,学生的思维能力也就能得到锻炼。最后,要教给学生思维方法。

思维主要有十大方法:即分析和综合、比较和归类、抽象和概括、系统化和具体化、归纳和演绎。思维的过程,实质上就是运用这十大方法去认识客观现实的过程。所以为了训练学生的思维能力,就应当使学生掌握这些思维方法。为此,一方面在理论上要对这些方法做出介绍,另一方面在具体的知识传授中,要结合具体问题,反复向学生讲授这些方法的运用。久而久之,学生就会逐步掌握思维方法。这样,对学生进行思维能力的训练就有了锐利的武器。

(2)丰富学生知识

思维作为对客观世界的概括,间接的反映,必须有准备地进行。所谓思维的准备性,即指平时要积累丰富的知识,详细地占有材料。一个人知识越丰富,材料越完备,则其思维准备性越充分,思维也就越顺利和有效。马克思的思维就很富有准备性,他思考任何一个问题都是以大量的材料和丰富的知识为基础。正如法拉格在《回忆马克思》一书中所写的那样:"马克思的头脑是用多得令人难以置信的历史及自然科学的事实和哲学理论武装起来的,而且他又是非常善于利用他长期脑力劳动所积累的一切知识和观察……。他的头脑就像停在军港里升火待发的一艘军舰,准备一接到通知,就开向任何思想的海洋。"反之,如果一个人在某方面的知识贫乏、材料缺乏,则其思维就缺乏准备性,思维也就容易产生障碍,收效也不会大。例如,爱因斯坦在大学时对数学不感兴趣,常常要同学帮他抄笔记,草率应付。但当他向广义相对论进攻时,由于需要对具体现象进行定量描述,遇到了数学知识不足的困难。在这关键时刻,为了使思维能得以顺利进行,他不得不进行为期七年的补课。可见,在强调对学生的思维能力培养时,必

须同时注重丰富自己的知识。

（3）培养思维习惯

①培养学生"凡事问一个为什么"的习惯

它是培养学生思维能力的一种重要方法。因为"疑"是学生开动脑筋的前提，通过问，解决疑，就可以促使学生展开积极的思维活动。不少有经验的老师，都注意通过教学培养学生善于质疑的能力和习惯，要求他们不盲从、不迷信。不言而喻，这样做，将有利学生思维，尤其是创造性思维能力的发展。

②培养学生一问多思的习惯

一问多思有两层意思：一是要求学生有较大的思维广度，不满足对问题已有的一个答案，而是通过多思做到一问多答，一题多解。对同一个问题，要使学生养成这样一种思维习惯：即从正向、逆向、侧向、横向、纵向多方面去思考，从平面、立体、宏观、微观、主观、客观多角度去思考，善于进行广泛的联想，从而提出解决问题的多种方案，然后进行比较，从中筛选比较合理的方案。二是要求学生有一定的思维深度，对问题的思考不能浅尝辄止，不要满足于目前对这一问题的思维结果，而要持之以恒地反复思考，使认识日益深入，直到能抓住问题的本质和关键，获得比较满意的结果为止。

③培养学生善于进行求异思维的习惯

求异思维是一种朝着许多不同的方面，寻找多种解决问题的方法和答案的思维。它要求学生能摆脱别人的影响，不苟同于传统的或一般的答案和方式，提出与众不同的多方面的设想和见解，使思维有独立性、首创性。很难设想，一个在学习过程中从来不敢发表一点与众不同见解的学生，日后会有什么创造。所以老师应鼓励并指导学生思考问题时敢于求异，不因

循守旧、依样画葫芦,对他们任何一点别出心裁,标新立异的思维火花都要热情赞扬,细心爱护。重要的是给孩子提供求异思维的机会,安排一些刺激学生进行求异思维的情境,使他们掌握多方面、多角度思考问题的方法。例如在语文课上要求学生快速的说出某一词的同义词或反义词,在作文教学中进行扩写、改写或同一题目写成多种题材文章的训练,同一文题同一素材表现多个不同主题的写作练习,给同一篇文章尽可能多的写出合适的标题,给一篇没有结尾的文章设想几种不同的结尾。在数学教学中训练学生多种思路,从不同的路子,用不同的方法解题,等等。

以上方法,对每个父母来说,也要根据你孩子的特点,实事求是地来开发你的孩子的思维能力,尽到一个父母的责任。